Die Kunst des Gesangs

Ernst Haefliger

Die Kunst des Gesangs

Geschichte – Technik – Repertoire

Mainz · London · Berlin · Madrid · New York · Paris · Prague · Tokyo · Toronto

Bibliografische Information der Deutschen Nationalbibliothek
Die Deutsche Nationalbibliothek verzeichnet diese Publikation in der Deutschen
Nationalbibliografie; detaillierte bibliografische Daten sind im Internet über http://dnb.d-nb.de
abrufbar.

Bestellnummer ED 8720
ISBN 978-3-7957-8720-2

5., erweiterte Auflage
© 2000, 2010 Schott Music GmbH & Co. KG, Mainz
© 1984 assigned to Schott Musik International, Mainz
© 1983 Hallwag AG, Bern

www.schott-music.com
www.schott-buch.de

Der Abdruck der Hommage an Ernst Haefliger erfolgt mit freundlicher Genehmigung von
Klaus Geitel. Erstveröffentlichung als Begleittext zur gleichnamigen Jubiläums-CD von Claves
Records anlässlich des 70. Geburtstages von Ernst Haefliger im Juli 1989.

Abbildungen vordere Umschlagseite (von links oben nach rechts unten): Benjamino Gigli
(© ullstein bild), Anna Netrebko (© ullstein bild – Momentphoto), Enrico Caruso (© akg-
images), Luciano Pavarotti (© ullstein bild – HKM Fotografie), Elisabeth Schwarzkopf
(© ullstein bild), Maria Callas (© akg-images)
Umschlagfoto hinten (Ernst Haefliger): Peter Friedli, Bern
Druck und Bindung: Strauss GmbH, Mörlenbach

Printed in Germany · BSS 49955

Studienbuch Musik

Inhalt

Vorwort

Bei der Konzeption dieses Buches über Kunstgesang hielt ich es nicht für zweckmäßig, den zahlreichen bereits bestehenden, grundlegenden und umfangreichen Gesanglehrgängen einen weiteren hinzuzufügen.

Vielmehr lag mir daran, möglichst klar fassbar jene drei Bereiche zu umreißen, die meines Erachtens den angehenden Sänger oder den begeisterten Liebhaber des Kunstgesangs interessieren: die faszinierende geschichtliche Entwicklung des griechischen aulos- und kitharabegleiteten Gesangs über den reichverzierten Gregorianischen Kirchengesang bis zur Hochblüte des Belcanto im 17. und im 18. Jahrhundert, die biologisch-wissenschaftliche Grundlage der Stimmerzeugung, erläutert durch eine Reihe genauer fotografischer und zeichnerischer Beispiele, und die technischen Grundlagen des Gesangs, aufgeteilt in fünf Hauptbereiche, die nicht als chronologische Reihenfolge verstanden werden dürfen, sondern je nach Veranlagung und Befähigung des Studierenden erarbeitet werden. Auch hier sind praktische Beispiele und Übungen sowie Repertoireangaben wichtiger Bestandteil und sollen es dem Leser erleichtern, den Text zu verarbeiten.

Auf eine gesonderte Behandlung des Chorgesangs wurde verzichtet, da auch beim Chorgesang als oberstes Gesetz die Forderung nach der gesunden Stimmführung gilt und bei den heutigen Anforderungen jeder Chorsänger ein weitgehend oder vollständig ausgebildeter Solist ist. Viele wichtige Einzelbereiche mussten besonders im technischen Teil unerwähnt bleiben, doch sollten die erklärenden Grundabschnitte dem Leser erlauben, die Singstimme kennenzulernen und ein Gefühl für das wunderbare Zusammenwirken jener wesentlichen Funktionen zu entwickeln, die das Entstehen einer gesunden und leuchtkräftigen Gesangstimme ermöglichen.

Mein besonderer Dank gilt Herrn Dr. Volker Barth, der aufgrund seiner vielfältigen experimentellen Arbeit in der Lage ist, die biologisch-wissenschaftlichen Grundlagen des Gesangs auf ihrem neuesten Stand zu erörtern, und Herrn Ralf Dieter Merian, der die wissenschaftlichen Zeichnungen von hoher künstlerischer Qualität schuf.

Ebenso danke ich meinen Schülern Hedwig Faßbender und Raymond Voyat für ihre Mitarbeit an diesem Buch.

Die menschliche Stimme im Wandel der Geschichte

Frühzeit

Ein historischer Überblick über die Entwicklung der menschlichen Stimme wird zunächst eine Antwort auf die Frage nach deren Ursprung suchen: Warum, wann, wie haben Menschen in den Urzeiten unserer Geschichte ihre Stimme benutzt? Versetzt man sich zurück in Zeiten, in denen es noch keine Siedlungen, nur vereinzelt Menschen oder kleine Menschengruppen gab, so ist anzunehmen, dass der Gesang oder vielmehr der Ruf der Sprache vorausging. Der Wunsch, einen Menschen oder ein Tier herbeizurufen ließ wohl als erstes die Tragfähigkeit der Stimme entdecken. Jodeln und Juchzen, ein Gesang nur auf Vokalen, bei dem die Bruststimme ohne Übergang in die Kopfstimme umschlägt, ist noch heute bei Hirtenvölkern in Gebirgsgegenden ein Erkennungsruf.

Je mehr sich die Menschen zu Stämmen und zu Völkern zusammenfanden, desto mehr verlor der Ruf über Entfernungen hinweg an Bedeutung. Die Sprache wurde nun zum Medium des Erkennens; der Ruf entwickelte sich zum Gesang, der Arbeit, Festlichkeiten, Tanz begleitete, zu Krieg und Schlachten rief, Trauer, Leid und Gebet Ausdruck verlieh.

Wieder waren es Hirten, die seit frühester Zeit mit dem Spiel auf einfachen Flöten und mit Gesang die einsame Landschaft belebten und ihre Tiere in Bann hielten. Von ihnen mag auch der Glaube an die übermenschliche Kraft des Gesangs stammen: Wer singen konnte war ein Zauberer, der böse Geister, Dämonen, wilde Tiere, ja den Tod besänftigte. Am besten beschreibt R. Nachmann von Bratzlaw die enge Beziehung der Hirten frühester Zeiten zur Musik:

> *Wer sich mit der Idee einer* [hebräischen] *Pastorale trägt, der muss sie mit dem Stempel der Urzeit versehen. […] wisse: jeder Hirte hat seine eigene Weise gemäß der Landschaft, in der er seine Herde hütet, der Beschaffenheit des Gebietes, auf dem die Herde weidet, und des Grases, das dort wächst […], jeder Grashalm singt sein eigenes Lied, und die Weise der Gräser wird zur Weise der Hirten.*

Auch der Gesang zur Arbeit gehörte sicher zu den frühesten Formen der Musik, sei es als rhythmisches Anfeuern, wie es heute noch als »ho ruck« zum Heben oder Ziehen schwerer Lasten bekannt ist, oder als Gesangbegleitung, der zum Teil magische Bedeutung beigemessen wurde. So meint Karl Bücher:

Orpheus, der göttliche Sänger und Saitenspieler, bezaubert mit seiner »lira da braccio« wilde Tiere, Bäume und Steine.

Holzschnitt, Siena 1520.

Es besteht die begründete Annahme, dass der Mensch der Urzeit, nachdem er sich daran gewöhnte, sich die Arbeit durch Gesangbegleitung zu erleichtern, dieses Hilfsmittel auch auf seine Haustiere anwandte. Dies ist wahrscheinlich auch der Ursprung des Glaubens, dass der Mensch durch die magische Kraft des rhythmischen Sprechens imstande ist, Tieren seinen Willen aufzuzwingen und sie nach seinem Gutdünken zu leiten: die Kuh beim Melken, das Schaf bei der Schur, den Ochsen beim Pflügen, das Kamel beim Gehen und Aufladen, das Pferd beim Wagenziehen und Reiten.

Auch frühe Stammesfeste, Geisterbeschwörungen, Zauberheilungen wurden, wie heute noch bei manchen Völkern Asiens und Afrikas, durch Stampfen, Schlagen, Klatschen gleichmäßiger, dauernd wiederholter Rhythmen, zum Teil von eintönigem Gesang begleitet, gefeiert. Sprache spielte in diesem Gesang noch kaum eine Rolle.

Worte wurden, oft sinnlos in Silben zerteilt, wiederholt, Texte ausgestorbener Stämme, die keiner mehr verstand, wurden weiter gesungen. Vielfach umfasste der Gesang nur ein bis zwei, höchstens drei bis vier ständig wiederholte Töne.

Je eintöniger die Tonfolgen, desto vielfältiger waren die Rhythmen. Sie wechselten ständig und wurden durch Gegenrhythmen begleitender Schlaginstrumente wie Trommeln und Pauken, die jedoch genauen Gesetzen folgten, noch verwirrender gestaltet. Der Gesang, wie er heute noch bei manchen Naturvölkern anzutreffen ist, gibt darüber Aufschluss. Bei vielen dieser Naturvölker ist auch eine einfache Mehrstimmigkeit von zwei Gesangstimmen oder von einer Stimme mit einem Begleitinstrument, zum Beispiel der Panflöte, in Quart- und Quintabständen zu finden.

Interessant sind die Merkmale der Vortragskunst, wie sie von Naturvölkern und orientalischen Kulturvölkern überliefert sind: primitives Portamento, juchzerartiges Umschlagen von Brust- in Kopfstimme, heulende und brummende Endungen, Einschieben von leeren Silben und Ausrufen, ähnlich den griechischen Interjektionen.

Eine Wandmalerei aus dem mittleren ägyptischen Reich (2150–1700 v. Chr.) zeigt einen Sänger mit an die Kehle oder den Mund geführter Hand. Eine ähnliche Darstellung ist auf einem babylonischen Relief aus dem 7. Jahrhundert v. Chr. zu finden. Auch im Jemen, in dem nach jüngsten Studien der Stand der jüdischen Musik aus der Zeit um 2000–1700 v. Chr. fast unverändert erhalten ist, kennt man die Praxis des Singens mit der Hand im Mund oder mit zugedrückter Kehle, wodurch ein gepresster, stark vibrierender Ton erzeugt wird. Im Talmud heißt es dazu, *dass diese vokale Funktion Töne erzeugte, die die Hörer erschütterten.* Der Talmud Jerusalem (Schkalim, 5, 9) stellt seinerseits fest: [...] *und wenn er seinen Daumen in den Mund steckt, so erzeugt er verschiedene Gesangarten* (zit. nach J. Walbe).

links: Blinder Sänger mit Harfe (16 Saiten), zu einem Festmahl singend.
Relief (Teilstück) im Grab des Neferhotep zu Theben, 1364–1306 v. Chr.

unten: Flötenspieler, Harfner und Sänger (mit bemerkenswerter Handhaltung) auf einem Relief (Teilstück) des mittleren ägyptischen Reichs

Orientalen und Griechen

Die ersten Musikaufführungen werden um 6700 v. Chr. in Anatolien vermutet. Wandmalereien stellen Tänze dar, die wahrscheinlich von Gesang und Schlaginstrumenten begleitet wurden. Um 3000 v. Chr. wird in der ersten, semitisch beeinflussten sumerischen Hochkultur in Mesopotamien ein Priester mit Lyra abgebildet; in Ägypten zeigen Wandmalereien Musikanten mit Harfe, Flöte und Doppelklarinette sowie einen Vorsänger, der einem singenden

Chor Melodiebewegungen in der Luft vorzeichnet. Aus der Zeit um 2500 v. Chr. überliefert die chinesische Literatur Ahnenlieder, deren Musik sich in der halbtonlosen Fünftonleiter bewegt, wie sie sich später auch in Japan, Annam, Laos und sogar bei keltischen Völkern als Urstufe der Musik findet. Form und Ausübung der Musik folgten in China wie in Japan sehr strengen Gesetzen und wandelten sich daher nur wenig. In Siam, Kambodscha und Java kannte man früh schon die Siebentonleiter und als Thema Weisen mit Variationen für mehrere Stimmen und Instrumente.

Einzug des Königs Assurbanipal mit Orchester und Gefolge nach seinem Sieg über Babylon. Die Frau in der Mitte drückt ihre Hand an die Kehle, um aus ihrer Luftröhre eine spezifische und ungewöhnliche Stimme zu erzeugen. Relief (Teilstück) aus dem 7. Jahrhundert v. Chr.

Die Musik Indiens schließlich schillert in einer Vielfalt von Tonarten und Ausübungsformen. Nach dem Buch Soma waren es 960 Tonarten, nach der Sage sogar 16 000, die jedoch aus Abwandlungen von 36 Grundtonarten bestanden. Die Musik wechselte ständig und unspürbar von einer Tonart und von einem Rhythmus in den anderen.

Mehrere Stimmen spielten und sangen, ohne harmonische Abstimmung, nebeneinander, scheinbar ungeordnet, doch durch ein gleiches gedankliches Thema zusammengehalten. Diese früheste Art heterophonen Musizierens hat sich, mit westlichen Einflüssen vermischt, bis heute fast unverändert bei den aus Indien nach Europa gelangten Zigeunerstämmen erhalten: in den vielfältig verflochtenen Rhythmen und Tonarten der ungarischen Zigeunerstämme ebenso wie in den zusätzlich arabisch beeinflussten, fremd-guttural klingen-

13

den Gesängen der spanischen Flamencos. Aufführungsmerkmale dieser Musik sind wiederum zahllose Verzierungen, vibratoartige Koloraturen, Triller, Läufe, Schnörkel und Passagen in kleinsten Intervallen, die in Legato, Glissando und, vor allem am Ende der Gesänge, mit heulenden, schluchzenden Portamenti ausgeführt wurden. Dazu kamen vielfache Interjektionen, kadenzartige Ausrufe mitten im Gesang, die später zu den reichverzierten *Hallelujas* und *Amen* im abessinischen und im syrischen Kirchengesang führten. Wie bis heute im Orient üblich, kannten die Sänger und Spieler ihre Weisen auswendig und überlieferten sie von Generation zu Generation. Eine Notenschrift gab es aller Wahrscheinlichkeit nach nicht. Der starke Einfluss der indischen Musik gelangte (um die letzte Jahrtausendwende v. Chr.) über Assyrer und Perser zu den westlichen Balkanvölkern und über Kleinasien nach Griechenland.

Ebenso entscheidend für die Hochblüte der Musikentwicklung in Griechenland war die ägyptische Musik, von der allerdings Aufzeichnungen und direkte Überlieferungen fehlen. Wandmalereien in Theben aus der Zeit um 1500 v. Chr. zeigen musizierende Mädchen; zahllose Abbildungen von Harfen verschiedenster Bauart mit bis zu 16 Saiten zeugen von den musikalischen Einflüssen fremder Völker nach den zahlreichen Eroberungszügen des ägyptischen Großreiches. Neben Harfen sind auch Flöten, Trompeten, Pauken und die ägyptische Laute, die Nabla, dargestellt. Die Musik war nicht auf religiöse Dienste beschränkt, sondern fester Bestandteil vornehmer Feiern, insbesondere zu Ehren der Könige. Aus der Zeit um 1250 v. Chr. sind Texte ägyptischer Liebeslieder erhalten.

Durch strenge Vorschriften, festgehalten in zwei der 42 Weisheitsbücher, den Büchern des Sängers, wurde die musikalische Ausübung jedoch immer mehr eingeengt und erstarrte schließlich, wie Plato nach seinem Aufenthalt in Ägypten klagte, in allzu strengen Formen. Um so befruchtender wirkte sie sich aus auf die Musik der Juden. Ihr Siegesgesang nach dem Untergang des pharaonischen Heeres im Roten Meer zeugt, ebenso wie die Psalmen Davids, das Hohelied Salomons und die Klagelieder Jeremias, von dem reichen ägyptischen Erbe. Erstmals erlangte die Sprache eine eigene Bedeutung. Dass die Psalmen gesungen wurden, beweisen die begleitenden Instrumente (Miriams Pauke, Davids Nabla), die ägyptischen Ursprungs waren, und die Vortragsanweisung, etwa beim 22. Psalm, wo es heißt: *Vorzusingen nach der Hindin, die früh gejagt wird*. Hier wird die Wahl der Tonfolge eines bekannten Liedes anstelle von Noten angegeben.

Der ägyptische Einfluss gelangte über Kleinasien nach Griechenland. Der überlieferte Grabgesang für den Götterjüngling Linos gilt sogar als unveränderte Übernahme des ägyptischen *Gesangs des Gottes Maneros*. Erstmals wirkten starke asiatische und ägyptisch-arabische Einflüsse während und nach der Eroberung Kleinasiens etwa 1500–1000 v. Chr. auf Griechenland und wurden, zusammen mit eigenen archaischen Traditionen, zu einer hohen Kunstform entwickelt.

Grundbestandteil des Musizierens war wie bei allen bisher genannten Völkern der Glaube an die hypnotische, übernatürliche Kraft der Musik. Einzelne Töne, Tonfolgen, Rhythmen waren in ihrer Bedeutung verwoben mit dem Lauf der Planeten, mit Naturelementen und mit geheimnisvollen Kräften der Erde. Götter wurden mit bestimmten Tonarten und Instrumenten verehrt und galten oft als deren Erfinder. Apollo, der Gott des Bogenschießens, spannte zwischen Stierhörnern Bogensehnen und erschuf so die Kithara oder Harfe. Hermes entdeckte in der Form einer Schildkrötenschale mit getrockneten Sehnen die Lyra oder Phorminx. Urgöttin der musikalischen Kulte war zunächst bei allen asiatischen Völkern die Urmutter Erde, Göttin der Fruchtbarkeit und des neuentstehenden Lebens. Der sagenumwobene phrygische Sänger Olympos brachte neben Kultweisen, sogenannten Nomoi, für die drei thrakischen Götter Ares, Dionysos und Artemis auch Gesänge für die μητρῷα, die asiatische Gottesmutter, mit nach Griechenland. Bald gewannen die aus dem Kult der Erdmutter und den wechselnden Jahreszeiten entstandenen Dionysosfeste begeisterte Anhänger. Auf den Höhen des Olymps wurde zuerst von den Piriern, einem Zweig der Thraker, der nach den Wintermonaten neuerwachende Gott in ausgelassenen, von den Bacchanten (Schwärmenden) angeführten Festen, ähnlich der Walpurgisnacht, gefeiert. Der legendäre Orpheus, der am Fuße des Olymps eine Sängerschule leitete, beschrieb den Kult in düsteren Farben. Begleitendes Instrument dieser Feste war der oboenartige asiatische Aulos, eine Flöte, die durch die rhythmische Vielfalt ihrer Töne die bisher nur an das kurze Zupfen der apollinischen Kithara gewohnten Griechen bezauberte. Galt die ausgelassene phrygische Tonart als diejenige des Dionysos (später in die mixolydische, die der Tragödie, umgewandelt), so gehörte die strenge, edle, gemessene dorische Tonart zum Apollo-Kult, dem in feierlichen Päänen prozessionsartig gehuldigt wurde.

Apollo mit einer Lyra

Eine Sängertradition bestand schon zur Zeit der mykenischen Königs-geschlechter um 2000 v. Chr. Während Homer in seiner *Ilias* noch singende und tanzende Fürsten und Helden beschreibt, fällt schon in der *Odyssee* nach der Eroberung Trojas 1198 v. Chr. die Aufgabe des Dichter-Sängers den dafür bezahlten Aöden, fahrenden Sängern und Dichtern, zu. Mit der Wandlung der Musik vom Privileg der Fürsten zum Volksgut entstanden aus der Tradition der adligen Feste und Leichenfeiern mit Musik volkstümliche Wettspiele. Mit ihnen begründete sich die Zahl berühmter griechischer Sänger, deren Namen geschichtlich belegbar sind. Bis zur Zeit des Euripides, als mehrere den Gesang begleitende Instrumente eingeführt wurden, blieb die griechische Musik reine Vokalmusik. Der Gesang war einstimmig, wobei Harfe oder Aulos die Melo-die unterstützte.

Die Aulosmusik war im 8. und im 7. Jahrhundert v. Chr. stark verbreitet und wurde sogar als Solomusik vorgetragen, zum Beispiel von dem berühmten Sak-kadas aus Korinth, der mit einem Preislied auf den drachentötenden Apollo in Delphi den Sieg bei Wettspielen davontrug. Diese Belebung der Instrumental-begleitung wiederum hatte einen neuen Aufschwung der Kitharodie, des von der Harfe begleitenden Gesanges, zur Folge. Auf der kleinasiatischen Insel Lesbos, zu der nach der Sage die Harfe des Orpheus nach dessen Tod getrie-ben wurde, gründete Terpander um 675 v. Chr. eine Kitharödenschule, deren Tradition von Alkaios und der berühmten Sappho Ende des 7. Jahrhunderts fortgesetzt wurde.

Terpander, der als erster die viersaitige Kithara auf sieben Saiten und das griechische Tetrachord durch Verdoppelung zur Oktave ergänzte, wurde nach einem Sieg bei den Wettspielen in Sparta vom Orakel berufen, den zerrütte-ten Frieden im Staat durch Neuordnung der Musikaufführung wiederherzu-stellen.

Für keinen Staat passt das Wort Platos, dass jede musikalische Umwälzung auch eine politische Veränderung im Staat bedeute, so gut wie für Sparta, das seit der Eroberung Kretas 1100 v. Chr. die kretische Tradition des Chorgesangs in Weihelieder zu Ehren Apollos und in Waffenlieder der Jugend umwandelte und das Jugenderziehung und Militärordnung ganz unter den Einfluss der Musik stellte.

Im Verlauf des 6. Jahrhunderts v. Chr. gewannen die Festspiele immer mehr an Bedeutung. Neben den delphischen, Apollo geweihten Spielen kamen vor allem die Gymnopädien in Sparta und die Panathenäen und Dionysien, Vor-läufer der späteren Tragödie, in Athen auf. Bei diesen Festen stellten sich Rhap-soden, Kitharöden, Auleten und Chöre vor und boten sowohl Musik aus frühen Zeiten wie auch ihre eigenen, neuen Kompositionen dar. Aus der Sitte, die

Sieger dieser Wettspiele bei ihrer Heimkehr mit Siegesliedern zu feiern, entwickelte sich die Kunst des für uns wohl berühmtesten Sängers der griechischen Antike, Pindars von Theben (522–448 v. Chr.). Von ihm sind vier Bücher mit für Chor geschriebenen Epinikien erhalten, u.a. die berühmte Ode *Goldene Leyer Apollos und der veilchenlockigen Muse Besitz.*

Zu Beginn des 6. Jahrhunderts schuf Arion von Lesbos aus den Lobgesängen zu Ehren des Dionysos die ersten Dithyramben, strophenlose Chorgesänge, die in kreisförmigen Reigen aufgeführt wurden, wobei die Sänger als Satyrn im Bocksgewand auftraten.

Diesen Bockschören (Tragoi) stellte um 534 v. Chr. der Ikarier Thespis einen Sprecher gegenüber, der den Chorsängern die Folge der Tänze und Gesänge zurief. Als Peisistratos in Athen den bereits unter Theseus geadelten Dionysoskult einführte, holte er Thespis nach Athen, wo die »Tragödien« zunächst von einem auf einem Gerüst stehenden Schauspieler geleitet, später als Wettspiele in dem 472 v. Chr. gegründeten Dionysostheater aufgeführt wurden. Der Dichter-Komponist wurde von reichen Gönnern finanziert und inszenierte die Aufführung selbst. Daran nahmen zunächst fünfzig, dann sechzig Choreuten, ein Schauspieler-Sänger, ein bis zwei Auleten und ein Kitharöde teil. Die Schauspieler, deren Zahl Aischylos auf zwei, Sophokles auf drei festlegte, waren zugleich ausgebildete Sänger. Dem Chor, der die von Tanz- und Darstellungsbewegungen begleiteten Eingangs- und Schlusschöre, Parodos und Exodos, und in den Mittelteilen den Satyrtanz und die ausschweifende Komödie ausführte, fiel stets die Rolle des Kommentators, des Publikums und des warnenden Gewissens zu. Die Chöre wurden unterbrochen durch teils gesungene, teils rhapsodierte Wechselgesänge zwischen Chor und Soli und durch reine Soli, die in freiem Vortrag strophisch oder durchkomponiert vorgetragen wurden. Während Aischylos (525–456 v. Chr.), der lyrischste und religiöseste der drei großen griechischen Tragiker, das Hauptgewicht noch auf die Chor-

Darstellung einer antiken Tragödienszene mit Aulosbegleitung

17

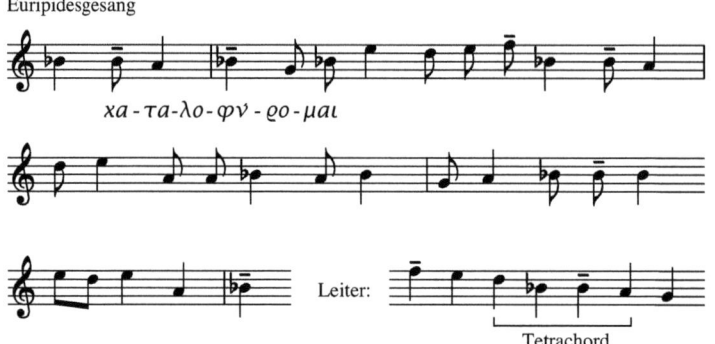

Auszug aus einem unvollendeten Werk des Dichter-Komponisten Euripides.

Das griechische Drama wurde melodramatisch vorgetragen, eingespannt in die knappe fallende Tonfolge des Tetrachords und heterophonisch umspielt, ohne die Vorherrschaft des einstimmigen Vortrags in Frage zu stellen.

szenen legte, betonte Sophokles (496–406 v. Chr.) bereits die psychologische Charakterisierung der Einzelpersonen und erhöhte die Zahl der Sänger-Schauspieler von zwei auf drei. Unter ihm begann die Entwicklung zum Virtuosentum, die in der Zeit des Euripides (um 480–407 v. Chr.) ihren Höhepunkt erreichte und nach dem Peloponnesischen Krieg (431–404 v. Chr.) langsam zur Banalisierung und zum Verfall der griechischen Musikkultur führte.

Um die zweite Hälfte des 5. Jahrhunderts entstand die Form des »jüngeren Dithyrambus«, einer freien Musikfolge ohne Strophen, in der persönlichem Ausdruck, Stil und Ausführungsform immer größere Bedeutung zugemessen wurde. Schon die leidenschaftlichen, von mehreren Instrumenten begleiteten Soloszenen des Euripides forderten den Solisten großes musikalisches Können ab, bei denen, ebenso wie bei den Chorgesängen, bald die Laien den ausgebildeten Virtuosen weichen mussten. Philoxenos von Kythera, der Ende des 5. Jahrhunderts eine virtuose Chor- und Solokantate schrieb, Phrygis von Mytilene (um 450 v. Chr.) und vor allem Timotheus von Milet komponierten virtuose Soli mit Koloraturen in hohen Stimmlagen, deren fortwährende Modulationen den Zeitgenossen wie das »Gewimmel in einem Ameisenhaufen« erschienen. Mit der Zeit begannen Sänger und Tänzer sich zu Gilden zusammenzuschließen. Der in Athen um 500 v. Chr. gegründete Dionysische Verein, der Schauspieler, Sänger und Musiker ausbildete, breitete sich bald über ganz Griechenland, über dessen Kolonien und schließlich bis nach Rom aus, wo Kaiser Hadrian (117–138) einen Weltbund der dionysischen Gilden schloss. Auch in der Entwicklung zum Virtuosentum und selbst bei den von mehreren

Instrumenten begleiteten Aufführungen des Euripides blieb die griechische und später auch die römische Musikausführung immer einstimmig. Die Instrumente begleiteten gleichstimmig oder im Wechsel mit der Stimme. Mit der Verflachung der Musik wandelten sich die Musikaufführungen mehr und mehr zu Massendarbietungen. So wird von einem Fest unter Ptolemäus Philadelphus in Alexandrien mit dreihundert Kitharöden und weiteren dreihundert Musikern berichtet.

Diese Massenaufführungen fanden auch bei den Römern, von denen außer Fest- und Gesellschaftsliedern zur Tibia kaum eigenständige Musik überliefert ist, besonderen Anklang. Im Unterschied zur griechischen Musiktradition vertonten die Dichter ihre Stücke nicht selbst, sondern ließen sie von Berufsmusikern komponieren. Wird schon zu Caesars Zeiten von einem Fest mit 12 900 Sängern und Musikern berichtet, klagt Horaz etwa 13 v. Chr. über die zu großen Theater, deretwegen die Tibia durch zu laute Instrumente ersetzt würde, so entfalteten sich die Musikdarbietungen unter den Kaisern und vor allem zur Zeit Neros zu eitlem Pomp und lärmender Prunksucht. Von den Tragödien führte man nur noch Bravourszenen auf. Virtuosen wurden dafür in Virtuosenschulen ausgebildet, und laut Quintilian vergötterte und verwöhnte man die Sänger ebenso wie später im 17. nachchristlichen Jahrhundert die Kastraten und Primadonnen. Nero selbst liebte es, sich als Sänger zu präsentieren, und soll mit den Worten *qualis artifex pero*, »welcher Künstler geht in mir der Welt verloren«, gestorben sein.

Beliebt waren im alten Rom vor allem Nachahmungen der griechischen Dionysosfeste, ausschweifende Bacchanalien und große Pantomimenaufführungen zu banaler Musik, deren heidnischer Charakter immer gegensätzlicher von dem allmählich um sich greifenden strengen Christentum abstach.

Römische Kirchenmusik bis zum Ende des 16. Jahrhunderts

Christliche Gottesdienste und christlicher Kirchengesang hatten sich zunächst in den östlichen Ländern entwickelt, wo der jüdische Tempelgesang einem starken orientalisch-hellenistischen Einfluss unterlag. So schildert Plinius, dass sie Christus wie einem Gott Wechselgesänge sängen. Die zunächst einfachen, geradlinigen Melodien wurden mit der Zeit nach islamischer Art immer mehr verziert und ausgeschmückt, vor allem in den *Halleluja*-Melismen. Nach der Anerkennung des Christentums durch Konstantin den Großen im Jahre 325 breitete sich der christliche Kirchengesang auch im Westen aus.

386 brachte der Kirchenlehrer Ambrosius († 397) als Statthalter Oberitaliens die vom heiligen Basilius von Kapodozien für den christlich-morgenländischen Kirchengesang festgehaltenen Regeln nach Mailand. Dieser Ambrosianische Gesang bestand weitgehend aus bekannten, zum Teil volkstümlichen Hymnen und Psalmen, die in den neugegründeten Ambrosianischen Gesangschulen der Lombardei gelehrt wurden. In Rom setzte sich gegen Ende des 4. Jahrhunderts die syrisch und jüdisch beeinflusste kirchliche Liturgie aus Responsorien, Wechselgesängen zwischen Vorsänger und Chor, und Antiphonen, Wechselgesängen zwischen zwei oder mehreren Chören, *Hallelujas* und Hymnen zusammen. Schon um 200 wurde der Kirchengesanglehrer Origines berühmt, der die priesterlichen Vorsänger ausbildete. Zur gleichen Zeit beschrieb der römische Arzt Galen (Claudius Galenus um 129–um 199) die Knorpel des Kehlkopfes, dessen Raum er wie die Griechen als Mundstück einer Pfeife – der Luftröhre – ansah und Glottis nannte. Die Bedeutung der Stimmlippen erkannte er allerdings nicht. Nachdem der Kirchengesang zunächst durch das *mulier taceat in ecclesia* des Paulus (I. Korintherbrief 14:34) auf Männer, nach dem Konzil zu Laodicaea aber, mit Ausnahme der Hymnen, auf priesterliche Sänger begrenzt wurde, gründete Papst Sylvester (314–335) eine erste Gesangschule in Rom, die von Papst Hilarius (um 315–367) erweitert wurde.

Obwohl früh schon die Gesangskunst dieser Priester, zum Beispiel des Eunuchen Briso um 400, gerühmt wurde, widmete sich doch erst Papst Gregor ab 600 der Schola Cantorum mit eingehendem Interesse. Er brachte sie in zwei Gebäuden nahe dem Lateran unter, wovon das eine als Wohnung für die Priestersänger und -lehrer, das andere, das sogenannte Orphanum, ähnlich den Konservatorien des 17. und des 18. Jahrhunderts, für die Unterbringung und die Ausbildung musikalisch begabter Waisenknaben bestimmt war. Die Schüler wurden hier vier Jahre lang in den Regeln der kirchengesanglichen Tagesarbeit unterrichtet. Notenschrift gab es nicht, ebensowenig eine schriftliche Gesanganleitung.

Melodien und gesangtechnische Anweisungen wurden von Lehrer zu Lehrer mündlich überliefert, die Weisen von den Schülern auswendig gelernt. Die gesangliche Ausbildung war äußerst sorgfältig, auf gesunde Stimmführung und schönen Klang wurde großes Gewicht gelegt. Besonders von der Person des aus dem jüdischen Gottesdienst übernommenen Vorsängers, der die Responsorien anführte, wurde hohes gesangliches Können gefordert. Die griechische Bezeichnung der Sänger, unterteilt in Paraphonista und Antiparaphonista, Quint- und Quartsänger, beweist, dass die Sänger damals schon Intervallsingen beherrschen mussten und die einstimmig gesungenen Melodien parallel in Quint- oder Quartabständen begleiteten. Gregor, von dem angenommen wird, dass er

Thora-Akzente nach aschkenasischer Tradition aus *The Jewish Song Book* von A. Z. Idelsohn (1882–1938), Cincinnati, Ohio, USA

Papst Gregor I. (590–604), der Begründer des Gregorianischen Gesangs, diktiert, vom Heiligen Geist in Gestalt einer Taube inspiriert, einem Schreiber seine Gedanken über die Reform des Kirchengesangs. Miniatur aus dem Jahre 1241, Cod. lat. 17 403.

der Erneuerer der päpstlichen Liturgie durch die ruhige, veredelte Tonfolge des Cantus firmus oder des Cantus planus war und den Verzicht auf die noch im Ambrosianischen Gesang weitererhaltenen reichen Verzierungen einführte, gebot seinen Schülern als wichtigste Regel, ohne Improvisationen und niemals ungleich laut oder schnell zu singen oder aus dem Chor solistisch hervorzutreten. Da die Schüler anscheinend an dem Gesang viel Gefallen fanden, wies er sie auch an, über den Gesangübungen ihre Priesterpflichten nicht zu vergessen.

Gregor bezeichnete die Töne nach dem lateinischen Alphabet. Durch aufwärts oder abwärts laufende Haken und Striche wurde eine steigende oder fallende Melodie angezeigt. Aus diesen Zeichen, die vermutlich den griechischen Akzenten nachgebildet waren, entwickelte sich um 750 die Neumenschrift, die nach orientalischem Muster Intervalle und Melodiebewegungen notierte.

Da das Lesen der Neumenschrift nur nach jahrelanger Übung und weitgehendem Auswendiglernen der Musikfolgen möglich war, zogen die ausgebildeten römischen Priestersänger auch vielfach als Lehrer in andere Länder und gründeten dort neue Sängerschulen, so in England, Irland, Gallien, in Fulda (744) und von Alkuin unter Karl dem Großen in Aachen. In ihrem strengen Unterricht lernten die Singknaben der Aachener Pfalzschule beispielsweise die Musik nach *pedibus, numeris, rhythmo*, also nach Versfuß, Tonhöhe und Rhythmus. Immer noch wurde auswendig gesungen, bei schwierigen Passagen zeichnete der Lehrer oder Chorleiter durch Handbewegungen in der Luft (wie sie schon von der frühen ägyptischen Wandmalerei, siehe S. 12, bekannt sind) den Lauf der Melodie an.

Name	Form	Melod. u. rhythm. Bedeutung	Spätere u. heutige quadratische Form
Virga, Virgula Virga jacens			
Punctum			
Pes, Podatus			
Flexa, Clivis			
Torculus			
Flexa resupina			
Scandicus			
Climacus			

Mit ihren Erweiterungen, wie ·⸴, ⸍·usw., finden sich diese Zeichen in fast allen Neumenfamilien wieder, so verschieden sie auch in den einzelnen Ländern gestaltet sein mögen. (Aus: Guido Adler)

Aus Briefen des Vatikans an Pippin und an Karl den Großen geht hervor, dass so ausgebildete Sänger bereits die Kunst der Verzierung, der *crispatio, trepidatio, reverberatio, vinnulae und voces tremulae*, beherrschten.

Auch Johann Schelle behauptet, dass schon im 9. und im 10. Jahrhundert die römischen Sänger über einen vollständigen Apparat von Ziermitteln verfügten, wie sie die moderne Gesangtechnik verwende, und einen hohen Grad der Kunstfertigkeit zeige, so Tonformeln, die es mit den kühnsten Koloraturen der italienischen Schule in ihrer goldenen Zeit aufnehmen könnten. Zur gleichen Zeit rühmte Regino von Prüm um 900 den hohen, süßen und klaren Klang der Stimme.

Mit der Zeit wurden in den meisten Klöstern Gesangsschulen eingerichtet, die sich regen Zuspruchs erfreuten, so dass oft bis zu hundert Singknaben den täglichen Gottesdienst bestritten.

Bis zum Ausgang des 11. Jahrhunderts war der Gregorianische Gesang in allen christlich-westlichen Ländern eingeführt, mit Ausnahme des am Ambrosianischen Gesang festhaltenden Bistums Mailand und der spanisch-mozarabisch beeinflussten Kirchenmusik in der Gegend von Toledo in Spanien. Die Form des lateinischen Hochamts aus dem 7. und dem 8. Jahrhundert hat sich bis heute fast unverändert erhalten. Leicht war die Neumenschrift jedoch nicht zu entziffern. Guido Adler meint nicht ohne Grund, dass *der schwerfälligen Schrift ein ebensolcher Vortrag entsprach.*

Erster Teil der Melodie zu der mozarabischen Kirchenhymne *Gaudete populi*

Erschwerend kam hinzu, dass nach Vereinfachung der schwierigen textlosen *Halleluja-* und *Kyrie-*Verzierungen durch Textsilben unter jedem Ton die Neumenschrift vom 10. Jahrhundert an immer mehr horizontal geschrieben wurde und nicht mehr die Melodiebewegung anzeigte. Erst nachdem der Mönch Guido von Arezzo um 1050 die Notenschrift mit den auf vier Linien in Terzabständen geordneten Neumen und vorangestellten Schlüsselbuchstaben erfand, wurden die Anweisungen der Gesanglehrer aus Rom entbehrlich. Jedes Kloster besaß nun eine Kopie des Gregorianischen Antiphonars. Nach kurzer Unterweisung konnten Sänger die Neumenschrift selbst entziffern. Die Singknaben wurden fortan zu ihrem Verdruss nach dem ebenfalls von Guido von Arezzo eingeführten Solmisationssystem unterwiesen.

Bis zum Ende des 14. Jahrhunderts waren alle abendländischen Gesangbücher auf die neue Tonschrift umgestellt, während die Kirche des Ostens bis heute an der Neumenschrift ohne Linien festhält.

Introitus
(Oktave tiefer)

Ad - te __ le - va - vi a - ni - mam me - am. __ Ps.Vi - as __ tu - as domine

de - mon - stra mi - hi. Glo - ri - a __ patri et filio et spi - ri - tu - i sanc - to.

Graduale

U - ni - ver - - - si Vi - as tu - as __ do - mi - ne.

(Oktave tiefer)

Al - le - - lu - - ia. __ Ost - en - - de

no - bis Do - - - - mi - ne. __

Offertorium

Ad te __ do - mi - - ne. __

Communio

Do - mi - nus. __

Auszug aus einem Messgesang: spätmittel-
alterliche germanische Neumen (Hufnagelschrift)
auf Linien und ihre Übertragung.
Cod. 33 des Münsterschatzes in Aachen. XV. S.
(Aus: Guido Adler)

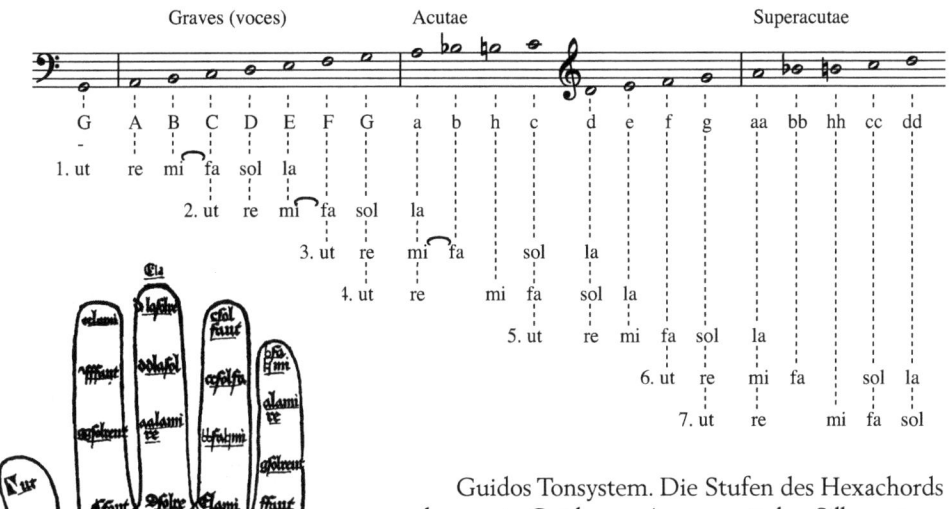

Guidos Tonsystem. Die Stufen des Hexachords benannte Guido von Arezzo mit den Silben ut, re, mi, fa, sol, la aus dem Johanneshymnus *Ut queant laxis*. Seine Nachfolger haben dann sein Tonsystem in mehrere Hexachorde zerlegt. (Aus: G. Adler)

Diese von Guido von Arezzo in die sechs Töne (Hexachord) ut, re, mi, fa, sol, la, unterteilte Hand half dem Chorleiter, die Chorknaben beim Singen auf Sicht anzuleiten.

Guido von Arezzo, der Urheber der Solmisation, erteilt seinem Schüler Theobaldus an einem Monochord Gesangunterricht. Miniatur aus dem 12. Jahrhundert, Cod. 51, fol. 35v.

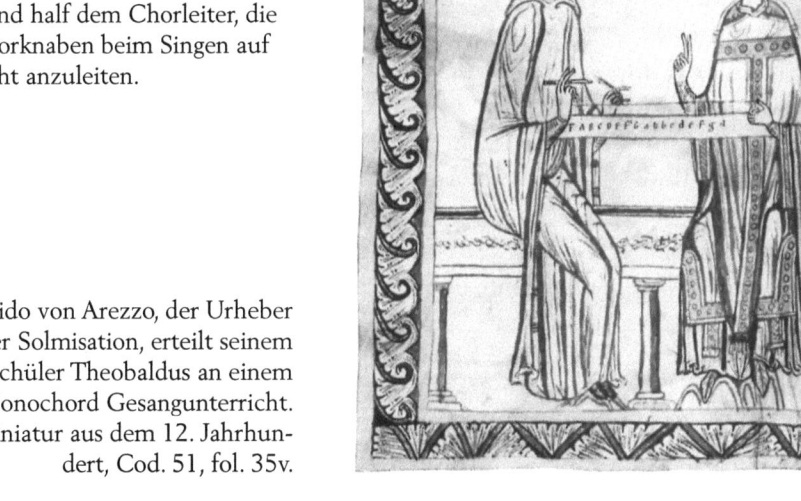

25

Auch die ersten Anweisungen zum Legatosingen stammen von Guido von Arezzo, der lehrte: *Die Stimmen müssen verschmelzen, ein Ton muss fließend in den anderen übergehen und darf nicht neu angesetzt werden.*

Während die von Papst Gregor I. begonnene Regelung der Kirchenmusik bis zu Beginn des 11. Jahrhunderts mit der Form der vom griechischen Tonsystem abgeleiteten vier Haupt- und vier Nebentonarten und den Messgesängen, *Kyrie, Gloria, Credo, Sanctus, Benedictus*, gelegentlich ergänzt durch *Introitus, Graduale, Halleluja, Offertorium, Communio*, im wesentlichen abgeschlossen war, gewann zur selben Zeit der mehrstimmige Gesang in der Kirche an Bedeutung. Bereits um 850 wurde in Irland zum erstenmal der zweistimmige Gesang erwähnt. Um 900 sprach der flandrische Mönch Hucbald von mehrstimmigen Sätzen und von den verschiedenen Stimmlagen: Tenor (Träger des Cantus firmus), Altus (höher), Sopranus (der höchste), Bass (Basis, Grundlage). Auch die Musikschrift *Musica enchiriadis* erwähnt zweistimmige Gesänge nördlich der Alpen, wobei diese meist noch aus einfachen Parallelbegleitungen in Quart- und Terzabständen bestanden. Vom 10. Jahrhundert an gelangten neue Instrumente nach Europa: aus Arabien die Handpauke und die Trompete, Trommel, Laute, Gitarre, außerdem Dudelsack, Fiedel, Glockenspiel, Hackbrett, Horn und Monochord. Die seit dem 8. Jahrhundert aus Byzanz eingeführte Windorgel verdrängte allmählich die in den Klöstern übliche Wasserorgel. Die neuen Möglichkeiten der instrumentalen Begleitung begünstigten die vielstimmige Komposition. Um 1100 wurde in der Kathedrale Nôtre-Dame in Paris die Ars antiqua der französischen Musik mit ersten mehrstimmigen Sätzen in aufgelockertem Kontrapunkt (»punctus contra punctum«, »Note gegen Note«) begründet, deren Hauptmeister Leoninus und Perotinus dort etwa 1250–1300 wirkten. Nach der Verlegung des Papstsitzes von Rom nach Avignon, 1305, entwickelte sich die französische vielstimmige Kirchenmusik mit den Kompositionen von Guillaume de Machaut, der 1364 die erste vierstimmige Messe schrieb, zu neuer Blüte. Machaut, der seine selbstgedichteten und vertonten Lieder an den französischen Fürstenhöfen vortrug, griff damit die Tradition der frühen griechischen Dichter-Sänger-Komponisten auf.

Im 15. Jahrhundert entwickelte sich die Vielstimmigkeit auch in den Niederlanden und in Deutschland. In Burgund, dem Kreuzpunkt französischer, belgischer, flämischer und deutscher Einflüsse, schrieb Guillaume Dufay († 1474) kanonartige Fugen und Messen, bei denen im Cantus firmus volksliedhafte Weisen, zum Beispiel das beliebte provenzalische *L'homme armé*, aufgenommen wurden. Neben ihm wirkten seine Zeitgenossen Jakob Obrecht um 1470 in Utrecht in den Niederlanden, John Dunstable in England, Heinrich

Isaac und Heinrich Finck in Deutschland, im 16. Jahrhundert Josquin des Prez und Jakob Arcadelt in Burgund, Gondimel und Carpantrass in Frankreich, Agricola und Praetorius in Deutschland.

Durch die Entwicklung der Vielstimmigkeit wurden die Texte und Messen mit ihren oft nur aneinandergereihten Silben immer unverständlicher und verloren mehr und mehr ihre religiöse Bedeutung. Die Messen von Josquin des Prez, deren Weisen dem Volk gefielen, wurden bisweilen sogar zu Tanz und Festen gespielt. Im Zuge der Gegenreformation strebte die katholische Kirche daher ab 1555 und vor allem durch die Beschlüsse des dritten Tridentinischen Konzils (1562–1563) eine Absage an die Vielstimmigkeit und die Rückkehr zum Gregorianischen Gesang an, *damit das Haus des Herrn wirklich als ein Haus des Gebetes erscheine.*

Dennoch gelang es Orlando di Lasso (um 1532–1594), die Vielstimmigkeit in der Kirche auf würdige Weise zu neuer Blüte zu bringen. Der um 1532 in Mons geborene Musiker, der als Chorknabe mit seiner herrlichen Stimme schon im Alter von sechs Jahren den Vizekönig von Sizilien so sehr bezauberte, dass dieser ihn mit Erlaubnis der Eltern nach Sizilien und Mailand mitnahm, wurde 1553 Kapellmeister am Lateran in Rom und folgte nach Reisen durch Frankreich und England 1556 einem Ruf des Herzogs Albrecht V. von Bayern nach München. Hier komponierte er seine Bußpsalmen, die neben den Motetten und Madrigalen seinen Ruhm begründeten. Ebenso verstand es Giovanni Pierluigi da Palestrina (1525–1594) in Rom, mit der einfachen Strenge und sicheren Textverständlichkeit seiner *a cappella*-Gesänge und -Messen, vor allem seiner berühmten Marcellus-Messe, den Widerstand des Klerus zu überwinden und die Vielstimmigkeit zu einem Höhepunkt zu führen. Di Lasso starb in München.

Obwohl bis zum Ausgang des 16. Jahrhunderts die Singstimme in diesen Werken rein instrumental eingesetzt wurde, erhöhten sich die Anforderungen an die Fähigkeiten der Sänger. Erste gedruckte Anweisungen für den Kirchengesang entstanden.

Im 13. Jahrhundert erwähnt Giovanni da Garlandaia die *vox pectoris et vox capitis*, und Hieronymus von

Giovanni Pierluigi da Palestrina übergibt Papst Marcellus seine Messe.

Moravia schreibt: *Die verschiedenen Singstimmen sollen im Kirchengesang nicht vermischt werden, weder die Brust- mit der Kopfstimme noch die Kehl- mit der Kopfstimme. Meistens sind tiefe Stimmen, also Bässe, Bruststimmen, hohe Stimmen Kopfstimmen, die dazwischenliegenden Stimmen Kehlstimmen. Sie sollen im Kirchengesang nicht vermischt werden, sondern getrennt für sich bleiben.* Zu Bovicellis Zeit, Ende des 16. Jahrhunderts, wird davon gesprochen, dass die kirchlichen Sänger *in freiester Weise ihre Falsibordoni und Motetten passeggierten.*

Gleichzeitig mit der Bewegung vom Gregorianischen Gesang zur Vielstimmigkeit nahmen auch das höfische und das volkstümliche Lied einen neuen Aufschwung. Schon früh hatten sich römische Vagantensänger gegen den Zwang der strengen kirchlichen Musik aufgelehnt und ihr einfaches Publikum mit fröhlichen Liedern erfreut. Mit der Entwicklung zum Rittertum entstand der Wunsch zu persönlicher Mitteilung und Darstellung, der durch poetische und musikalische Einflüsse nach den Kreuzzügen in den Orient von 1096 an genährt wurde. So schufen in Südfrankreich die Troubadours, Dichter und Sänger in einer Person wie zur Zeit der Griechen, ihre Kriegs- und Liebeslieder zur Begleitung von Fiedel oder Harfe, allen voran Wilhelm IX. von Aquitanien (1086–1127), Bernart de Ventadorn (1145–1195) und Raimbaut de Vaqueiras (um 1207). Ihrem Beispiel folgten im Norden Frankreichs die Trouvères, unter ihnen Richard Löwenherz mit dem *Rolandslied* (1157–1199) und Thibaut de Champagne (1253). Als in der zweiten Hälfte des 12. Jahrhunderts die Kunst von den Burgen und Schlössern auch in die neuentstehenden Städte gelangte, folgten den Trouvères Jongleure und Minstrels, fahrende Sänger, die gleichzeitig Jongleurkunststücke darbrachten. Mit der Zeit schlossen sich die Minstrels zu Sängervereinigungen zusammen, die Wett- und Preisveranstaltungen durchführten, so in Arras, wo Adam de la Halle als Hauptmeister der Sängergilde sein Singspiel *Robin et Marion*, einen Vorläufer der späteren Oper, schrieb. In Deutschland entstand in der zweiten Hälfte des 12. Jahrhunderts, stark beeinflusst von Frankreich, jedoch lyrischer, der Minnesang. Der Text gewann an Bedeutung. In Abwandlung des Marienkults wurde ehrfurchtsvoll die Hohe Frouwe besungen oder die Natur im Wandel der Jahreszeiten. Die berühmteste Gruppe französischer Troubadours und deutscher Minnesänger versammelte sich 1184 auf Friedrich Barbarossas Geheiß anlässlich des Ritterschlags seiner Söhne, von denen der spätere Heinrich VI. ebenfalls als Sänger auftrat, zum Sängerwettbewerb in Mainz. Heinrich von Morungen, Wolfram von Eschenbach (*Parsifal*-Epos) und Walther von der Vogelweide waren die berühmtesten Wettstreiter. Ein zweiter Sängerwettbewerb fand 1207 auf der Wartburg unter Heinrich VI. statt. Die Blütezeit des Minnesangs ging um 1220 zu Ende, doch führten Meister wie Neidhart von Reuenthal, Johannes

Hadlaub in Zürich, der Salzburger Mönch Hermann (*Joseph, lieber Joseph mein*), Hugo von Montfort sowie Oswald von Wolkenstein die Tradition bis ins 15. Jahrhundert fort. Vom 13. Jahrhundert an wurde der Minnesang der Ritter von den bürgerlichen Meistersingern übernommen, die zunächst wie die Minstrels als Vaganten durch die Städte zogen, vom 14. Jahrhundert an aber in eigenen Schulen in Mainz, Augsburg, Nürnberg, Straßburg, München und anderen Städten eine neue Form des Liedes nach strengen Regeln, meistens auf Bibeltexten beruhend, pflegten. Ihr größter Sprach- und Liedschöpfer war neben dem berühmten Hans Sachs (1494–1576) der Reformator Martin Luther. Während sich im 15. und im 16. Jahrhundert auch das bürgerliche Lied als Hausmusik mit einfacher Instrumentenbegleitung, wie zum Beispiel im Lochamer Liederbuch (1452–1460) zusammengefasst, durchsetzte und erste deutsche Liedkomponisten wie Isaac, Finck, Hofhaimer, Senfl (1490–1542) unter dem Einfluss der niederländischen Schule erste polyphone Liedwerke für Chor schrieben, starb die Tradition der Meistersinger gegen Ende des 16. Jahrhunderts in ihrer allzu strengen Form aus. Die Straßburger Schule wurde aufgelöst. Auch die Mysterienspiele, die schon 1250 mit dem Vortrag von drei Sängern begonnen hatten und von den Meistersingern übernommen worden waren (in Rom von der Compagnia del Gonfalene, in Paris von der Confrérie de la Bazoche), entglitten diesen im Laufe des 15. Jahrhunderts. Die Mysterienspiele wurden immer volkstümlicher und von fahrenden Leuten aufgeführt, die Hanswurst, Teufel und Narren mit ins Spiel brachten, und entarteten schließlich in Frankreich in die Moralitäten, in Deutschland in die Fastnachtsspiele. Diese Auswüchse trugen wesentlich zur Durchführung der Reformation bei. In England, wo nach der Überlieferung bereits um 1066 fahrende Spielleute und Akrobaten, ähnlich den Minstrels, heitere Tanzlieder vorgetragen haben sollen, entwickelten sich aus den Carols, den englischen Volksliedern, im 14. und im 15. Jahrhundert mehrstimmige Kanons. Erst zur Zeit Elisabeths I. aber entstanden unter dem Einfluss der niederländischen und der italienischen Musik mehrstimmige chorische Madrigale, zum Beispiel von Thomas Tullis, William Byrd, Thomas Morley.

Zu Musik singende und tanzende Jongleure. Eine mittelalterliche Darstellung aus Frankreich

Mit den gesteigerten Anforderungen, die die polyphonen Werke der Kirchenmusik an die Sänger stellten, wuchs die Beschäftigung mit dem Thema der Gesangausbildung. Eine erste Gesangschule wurde um 1500 in Neapel gegründet, möglicherweise durch den Musiktheoretiker und Komponisten Tinctoris, dessen 1484 veröffentlichte Schrift *De inventione et usu musicae* bereits die berühmtesten Figuralsänger aufzählte und nach Stimmgattungen ordnete. Weitere Schulen folgten in Rom (1541) und im übrigen Italien. Eine Reihe wissenschaftlicher Studien wurde im 16. Jahrhundert durch Leonardo da Vincis Zeichnungen des Kehlkopfes und durch seine experimentellen Versuche begonnen: *Ein Mittel, festzustellen, wie der Klang der Stimme am Ausgang der Luftröhre erzeugt wird: Man nimmt Luftröhre und Lunge des Menschen heraus; wenn die mit Luft gefüllte Lunge schnell zusammengepresst wird, kann man ohne weiteres erkennen, wie die Trachea genannte Röhre (Luftröhre) die Stimme erzeugt* (zit. nach G. Panconcelli-Calzia).

Leonardo da Vinci erwähnte die Bedeutung der Stimmlippen nicht. Hingegen finden sich bei dem italienischen Anatomen Vesac 1543 erste Angaben darüber, wenn er von der *Ritze, die von dem Fortsatz der Aryknorpel vermittels einer fetten Membran im Innern des Kehlkopfes als Glottis* spricht und diese als *vornehmliche Erzeugerin der Stimmen* bezeichnet (zit. nach G. Panconcelli-Calzia). Wenig später erwähnte Fabricius de Aquapendente zwei Bänder im Kehlkopf mit dazwischenliegender, die Stimme erzeugender Ritze, die er ebenfalls, wie bis heute üblich, Glottis nannte.

1562 veröffentlichte der neapolitanische Arzt Camillo Maffei seinen *Discorso della voce*, in dem zum erstenmal die Lehre des Gesangs mit ihren physiologischen Voraussetzungen behandelt wird. Er geht auf Körperhaltung, Atemführung und Tongebung ein, empfiehlt die Kontrolle von

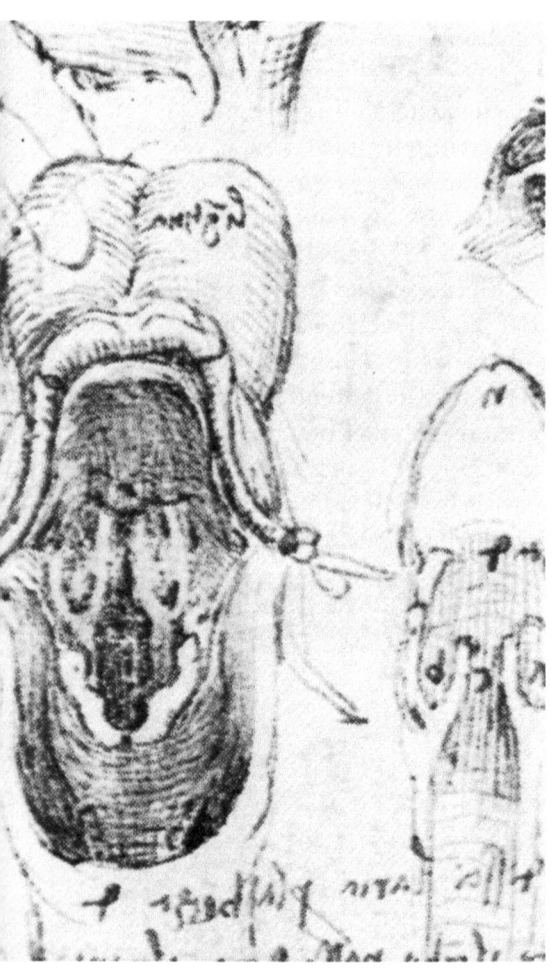

Kehlkopfzeichnung von Leonardo da Vinci

Zungenlage und Mundöffnung vor dem Spiegel, die Überprüfung des Stimmklanges mit Hilfe des Echos und gibt Koloraturübungen an.

Die seit der Erfindung des Notendrucks um 1503 entstandene Möglichkeit der Notenvervielfältigung begünstigte technische Schriften dieser Art. Bis zur Mitte des 16. Jahrhunderts wurden ausschließlich Knaben- und Männerstimmen für den Kirchengesang eingesetzt. Knabenstimmen oder männliche Falsettisten ersetzten die fehlenden Frauenstimmen. Die Knabenstimmen hatten den Nachteil, dass sie vor Vollendung der Ausbildung mutierten. Die Falsettisten erreichten nie die volle Höhe der Sopranstimmen und missfielen, obwohl gerade aus spanischen Schulen echte Virtuosen hervorgingen, durch ihren leblosen Stimmklang. Zum erstenmal wirkte 1562 im päpstlichen Chor der spanische Kastrat Francisco Soto mit. Erst als 1599 jedoch zwei italienische Kastraten, Pier Paolo Folignato und Girolamo Rossini, in die Sixtinische Kapelle aufgenommen wurden, sahen die spanischen Falsettisten ihre bisherige Vorherrschaft bedroht. Der Vorgang der Kastration, im Orient verbreitet, im Westen kaum bekannt, sollte in den folgenden Jahrhunderten Generationen von brillanten Gesangvirtuosen hervorbringen. Die Kastratenstimme behielt Umfang, Timbre und leichte Beweglichkeit der Knabenstimme, die verstärkt wurden durch die kraftvollere Lungen- und Atemtätigkeit des ausgewachsenen Mannes. Zeitgenossen wie de Brosses schrieben, dass ihr Timbre klar und durchdringend sei wie das eines Chorknaben, aber sehr viel mächtiger. Wurden die Kastraten zunächst als Interpreten der polyphonen Messen, Motetten und Madrigale in den Kirchenchören eingesetzt, so sollte sich ihre volle Virtuosität doch erst im Gebiet der neuentstehenden barocken Oper im 17. Jahrhundert voll entfalten.

Nuove musiche und Belcanto im 17. und im 18. Jahrhundert

Als Widerspruch zur Anonymität der polyphonen Musikwerke, in denen die Einzelstimme nur als Teil eines Ganzen erschien und der Text festen liturgischen Gesetzen folgte, erwachte im Italien des ausgehenden 16. Jahrhunderts der Wunsch, den Menschen, das menschliche Schicksal und damit die menschliche Stimme in den Vordergrund zu stellen. Wie schon Anfang des 16. Jahrhunderts die Wiederentdeckung der späthellenistischen Laokoon-Gruppe in Rom nachhaltig auf die bildende Kunst der italienischen Renaissance einwirkte, so wurden nun auch in der Musik griechische Vorbilder und Motive neu belebt. In Florenz fand sich 1590 um den Aristrokraten Giovanni Bardi ein Kreis von Dichtern, Philosophen und Musikern zusammen, die die Sprache

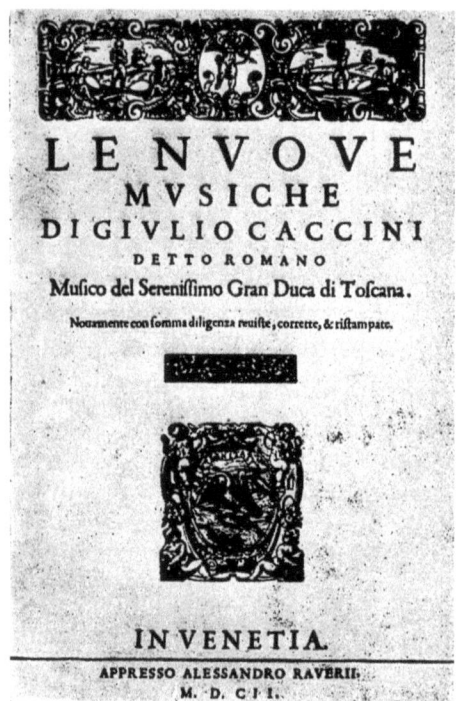

Giulio Caccinis Schrift *Le nuove musiche* (1601) war für die neue Kunst der Monodie und damit für die Entstehung der Oper im Kreise der Florentiner Camerata um den Grafen Bardi von entscheidender Bedeutung.
Titelblatt der venezianischen Ausgabe 1602

Titelblatt der ersten im Jahr 1600 in Florenz gedruckten Opernpartitur *Euridice* von Giulio Caccini. Er hatte großen Anteil am Entstehen der Kunstgattung Oper.

nicht mehr der Musik unterordnen, sondern nach dem Vorbild des griechischen Sänger-Dichters, der seine leidenschaftlich charakterisierten Heldenrollen selbst sang, neu beleben wollten. Der Komponist, Instrumentalist, Sänger und Gesanglehrer Giulio Caccini, Mitglied der Gruppe um Graf Bardi, schrieb im Vorwort zu seinem 1601 erschienenen Werk *Le nuove musiche*: [So habe ich mich] *an die von Plato und anderen Philosophen so sehr gerühmte Methode gehalten, welche fordert: Die Musik sei in erster Linie Sprache und Rhythmus, erst in zweiter Linie Ton und nicht umgekehrt [...]*

Bereits 1598 präsentierte die Gruppe in kleinem Kreis die Sage *La Dafne* nach Texten des Poeten Ottavio Rinuccini und nach der größtenteils verlorenen Musik von Jacopo Peri (1561–1633) und Jacopo Corsi (1561–1602). 1600 wurde aus Anlass der Vermählung Heinrichs IV. von Frankreich mit Maria di Medici die erste erhaltene Oper *Euridice* (Opera in musica), von Caccini und Peri komponiert, dargeboten. Darin brillierte in einer Folge von Ariosi mit einfacher Instrumentalbegleitung und leidenschaftlichen Rezitativen zum erstenmal die Sopranistin Vittoria Archiki. Rasch gewann die neue Musikform der Monodie mit harmonischer Begleitung in ganz Italien an Boden. In Rom führte Emilio del Cavalieri um 1600 mit seinem Oratorium *Rappresentazione di anima e di corpo* den Stile rappresentativo und die neue florentinische Gesangskunst ein. Laut dem *Discorso* des Pietro de la Valle (1640) veränderte sich die Qualität der Sänger nunmehr entscheidend. Nach einer Aufzählung tüchtiger Sänger wie des Tenors Giuseppino, des Bassisten Melchior, des Falsettisten Giovanni Lucca, der *alto alle stelle*, »hoch bis zu den Sternen«, sang, meinte er: *Alle diese jedoch besaßen, abgesehen von ihren Trillern, von den Passagien und einer guten Tonbildung fast keine Gesangskunst. Fremd war ihnen die Kunst des piano oder forte Singens, fremd das allmähliche Anschwellen oder anmutige Abnehmen des Tones. [...] Man hatte wenigstens in Rom noch keine Kenntnis davon, bis der Herr Emilio del Cavalieri in seinen letzten Jahren die gute Schule von Florenz hier einführte [...], so hören wir jetzt in weit anmutigerer Weise Künstler singen wie Ricolini, Bianchi, Giovanni [...].* Cavalieri wie Caccini hatten ihren Werken Bemerkungen über die richtige Art des gesanglichen Vortrages vorangeschickt. Die Sänger, die nun solistisch ihr Können entfalten durften, wurden in den bereits bestehenden und neugegründeten Schulen zu einer Virtuosität ausgebildet, die das Publikum zu Wellen der Begeisterung hinriss. In Rom entbrannte schon um 1623 ein erbitterter Streit um den Vorrang zweier Primadonnen, der Kastrat Vittorio Lordo wurde gefeiert, die Gesangskunst der Nonnen in den Kirchen zog das Publikum an. 1606 wurde in Rom auf einem »Thespiskarren« die erste Oper aufgeführt. In Venedig setzte Claudio Monteverdi (1567–1643) ab 1613 als Kapellmeister von San Marco den neuen Stil, zunächst gegen den Widerstand von Puristen wie Giovanni Maria Artusi, durch. Bereits seine erste, 1607 in Mantua aufgeführte Oper *Orpheus und Ariadne* hatte mit der bewegenden Klage der Ariadne die Hörer ergriffen.

Der bisher noch »steife« Stile rappresentativo überzeugte nun durch die Verwendung neuer Harmonien und Rhythmen und durch neue Farben in der Orchesterbegleitung, in der Geigen mit Tremolo und Pizzicato eingesetzt wurden, und durch erste rein orchestrale Stücke wie die Kampfszene in *Tancredi*. Aus den Ariosi Monteverdis entwickelte Pietro Francesco Cavalli

Claudio Monteverdi (1557–1643)

Nicola Porpora, Komponist und Lehrer so berühmter Sänger wie Farinelli und Caffarelli

Der Komponist und Geiger Arcangelo Corelli, Mitbegründer der barocken Form des Instrumentalkonzerts – des Concerto grosso –, für Orchester und Solo-Instrumente

(1602–1676) die leidenschaftlichere, kurzgefasste Arie, die wiederum der Neapolitaner Pietro Alessandro Scarlatti (1660–1725) zur *da capo*-Arie erweiterte, deren Anfangsteil er zum Schluss mit Kadenzen und Verzierungen wiederholte. Scarlatti, der weniger auf leidenschaftlichen Ausdruck als auf grazile Linienführung Gewicht legte, entwickelte die Form des Rezitativs weiter und setzte vermehrt Saiteninstrumente ein, insbesondere die Geige, die in ihrer endgültigen Form von dem Geigenbauer Amati (etwa 1527–1600) und dessen Söhnen vervollkommnet und durch das Spiel des Virtuosen Arcangelo Corelli (1653–1713) beliebt gemacht wurde. In knapp hundert Jahren eroberte die neue Opernform (Opera in musica) ganz Italien. Die 16 Theater Venedigs hatten bis 1700 bei einer Zahl von 150 000 Einwohnern bereits 350 Opernaufführungen gespielt, aber auch in Florenz, Rom, Bologna, Neapel, Turin, Verona und Mailand entstanden Opernhäuser, in denen die zahlreichen neuen Kompositionen aufgeführt wurden. Bis zu 685 Opern wurden im 17. Jahrhundert komponiert, von denen in den Jahren 1662–1680 einhundert aufgeführt wurden. Nicola Porpora, der berühmte Kastratenlehrer und Komponist, schrieb allein 53 Opern. Schnell hatten sich die zunächst auf private höfische Kreise beschränkten Aufführungen auf ein breites Publikum ausgeweitet. Geschäftstüchtige Unternehmer stellten feste oder wandernde Truppen zusammen, die in prächtigsten Trompe-l'œil-Dekorationen berühmter zeitgenössischer Architekten und Maler und in überreichen barock-antiken Kostümen die neuesten Werke wiedergaben. König der Stunde war der Sänger, dem die Aufgabe zufiel, die vielfältig schillernden Charaktere der neuen Bühnenhelden und ihr Schicksal glaubwürdig darzustellen. War im Rezitativ die Möglichkeit des freien Ausdrucks gegeben, mit Rubati, Schluchzern, heftigen Ausbrüchen und langgezogenen Lamenti, so eröffnete die *da capo*-Arie mit ihren frei eingefügten Verzierungen und Kadenzen den Sängern uneingeschränkte Möglichkeiten, ihre Virtuosität zu entfalten. Die berühmten Kastraten wie Senesino, Caffarelli, Carestini, Crescentini, Pacchierotti und der legendäre Farinelli wurden zu verwöhnten Publikumsidolen, ebenso einige Gesangvirtuosinnen wie Caccinis Tochter, La Cechina, und später Francesca Cuzzoni, Faustina Bordoni, Lucrezia Agujari, deren Stimme Mozart als *bezaubernd und von unglaublichem Umfang* lobte, und berühmte Bassisten wie Boschi, Nicolino und Montagnana.

Im Laufe des 16. Jahrhunderts wurden die Gesangschulen größtenteils in Konservatorien umgewandelt, in denen vor allem arme oder verwaiste Knaben ausgebildet wurden. Die meisten altitalienischen Gesangpädagogen waren, der Tradition aus der Zeit des Kirchengesangs folgend, Kirchenkapellmeister, oft selbst Sänger und Komponisten. Nach Caccinis, Cavalieris

Koloratur, die Lucrezia Agujari 1770 in Parma vor Mozart sang

Innenansicht des Teatro Filarmonico in Verona, gebaut von Francesco Galli Bibiena 1732. Diese perspektivische Zeichnung übertreibt die Größe des Raumes. Inv. Nr. 10766

Die schöne Faustina Bordoni (1695–1781), eine der ersten Prima-donnen mit inter-nationalem Ruf. Bildnis von Rosalba Carriera

Der Kastrat Girolamo Crescentini, Schüler von Antonio Maria Bernacchi

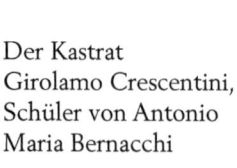

und Durantes Gesanganleitungen und dem Unterrichtswerk des Tenors und Gesangpädagogen Lodovico Zacconi (1555–1627) *Prattica di musica ùtile et necessaria* [...] *si anco al cantore* hielt der Kastrat Piero Francesco Tosi (1647–1732) in seinen *Opinioni de' cantori antichi e moderni* (Bologna 1732) erstmals umfassend die Grundsätze des Belcanto fest. 1774 schließlich veröffentlichte Giambattista Mancini in Wien seine *Pensieri, e riflessioni pratiche sopra il canto figurato*. Mancini war wie der Tenor Raaff und die Kastraten Mengozzi und Carestini ein Schüler des berühmten Lehrers Bernacchi, dessen Lehrer Pistocchi den Ruhm der Bologneser Gesangschule begründet hatte. Alle wichtigen Grundsätze des Belcanto sind in den Schriften von Caccini, Tosi und Mancini enthalten (siehe auch *Die Gesangerziehung zur Zeit des Belcantos*, s. S. 79). Die Virtuosität der Sänger basierte um die zweite Hälfte des 17. Jahrhunderts in schier unerschöpflichem Atem, sorgfältig geführtem Legato, einwandfreier Vokalisation, Stimmausgleich in allen Lagen, wobei die Kastratenstimme oft im Brustregister einen Umfang bewältigte, wie er heute die gesamte Sopran- und Kontra-Alt-Lage umfasst. Pacchierotti soll sogar das tiefe B erreicht haben. Insbesondere bezauberten die Sänger aber durch die Beweglichkeit ihrer durchtrainierten Stimme, sowohl in der Dynamik wie in der Geläufigkeit. Die erwachsenen Kastraten – Zeitgenossen schildern sie meist

Lodovico Zacconi begann in seiner *Prattica di musica* (1592) den schönsingenden Solisten aus dem Verband des vierstimmigen Chors zu lösen, indem er der Melodiestimme individuelle Vortragsweise mit bestimmten Vorschriften aufgab. Titelblatt des ersten Teils, der zweite Teil erschien 1622 in Venedig (Reprint 1967, Bologna).

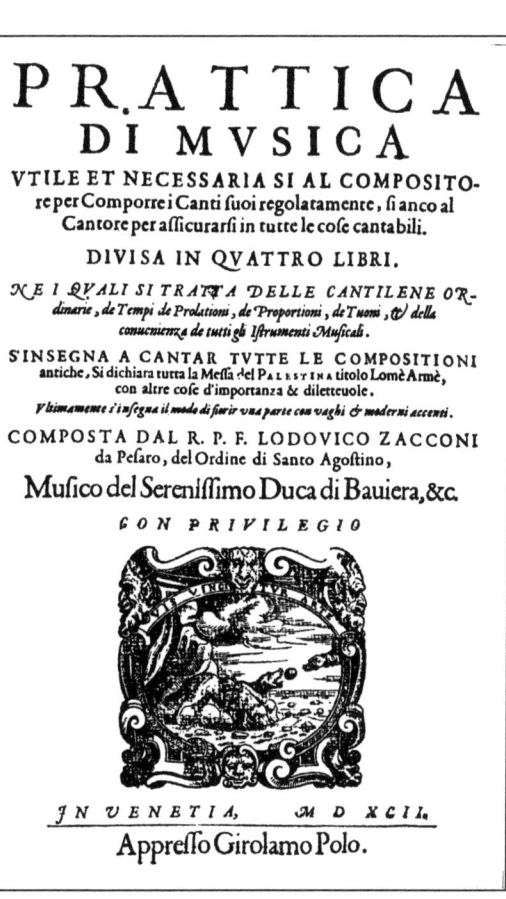

Der Sänger Anton Raaff (1714–1797) ging aus der Bologneser Schule des Antonio Maria Bernacchi hervor. Er war der erste Nichtitaliener, der als Sänger und Lehrer die italienische Gesangmethode in Deutschland heimisch gemacht hat.
Stich von G. F. Touchemolin

Satirische Darstellung aus Händels *Flavio* (7. Szene, III. Akt), London 1723, mit den beiden Kastraten Gaetano Berenstadt (links), Senesino (rechts) und der Primadonna Frencesca Cuzzoni. Dieser unsignierte Stich (wahrscheinlich von Wanderbank) karikiert die unförmige Figur der Kastraten.

Der gekrönte Kastrat
Carlo Broschi, genannt Farinelli. Stich von I. Wagner
nach einem Gemälde von I. Amiconi

als sehr groß, schlank, aber mit überdimensionalem Brustkasten – besaßen natürlicherweise weit größere, kräftigere Stimmorgane als Sopranistinnen und verfügten daher über viel größere Schattierungsmöglichkeiten und Klangfarben in allen Lagen. Kritiker des Kastraten Farinelli überschlugen sich über die fast unfassbare Kapazität seiner Lunge, *seine chromatische Skala aufwärts und abwärts mit Trillern auf jedem Ton und eingeflochtenen Koloraturen, alles in einem Atem, über seine technisch völlig frauenhafte Koloratur in Passagen und Trillern.*

Die Anforderungen an die Stimme im 18. und im 19. Jahrhundert

Wiederum, wie schon zur Zeit des Gregorianischen Gesangs, pilgerten nun italienische Gesangmeister über die Grenzen und verbreiteten die neue Kunst in allen Ländern Europas. Tosi, Bernacchi, Mancini lehrten in England, Deutschland und Österreich, italienische Sängertruppen gastierten mit ihren Aufführungen vor allem in England. Übersetzungen der italienischen Gesanganweisungen kündeten von der neu festgelegten Gesangskunst. In Deutschland berichtete der Komponist Michael Praetorius (1571–1621) vom *Unterricht nach italienischer Manier*, Johann Friedrich Agricola (1720–1774) übersetzte 1757 in Berlin Tosis Gesangschule als *Anleitung zur Singkunst*. Johann Andreas Herbst (1588–1666) nannte in seinem Büchlein *Musica moderna practica ouvero maniera del buon canto* 1658 als führende Gesangpädagogen Giulio Caccini und Giovanni Battista Bovicelli.

Die Kompositionsform der Oper griff bald auf das Ausland über. In Deutschland vertonte Heinrich Schütz bereits 1627 das von Martin Opitz übersetzte Libretto *Dafne* des Poeten Ottavio Rinuccini und verwendete dabei eine selbständige Stimmführung für Chor, Einzelgesang und Instrumente. 1629 entstand für König Philipp IV. in Spanien die erste Oper *La selva sin amor*, nach Texten von Lope de Vega und Musik eines unbekannten Komponisten. Von 1698 an gab es in Madrid eine regelmäßige Fiesta de opera. Der italienische Einfluss auf das Musikleben Spaniens erreichte seinen Höhepunkt im 17. Jahrhundert: 1729 erkor der Komponist Domenico Scarlatti Spanien zu seiner Wahlheimat, nach 1737 übernahm der Kastrat Farinelli als Vertrauter des schwermütigen Königs Philipp V. die Organisation des Musiklebens in Madrid. In Hamburg wurde 1678 durch den Komponisten Reinhard Keiser mit Hilfe der Bürgerschaft die erste deutsche Oper begründet. Während die Oratorien von Schütz mit der durch Gesang und Instrumentation hervorgehobenen Gestalt Jesu die Überleitung zu Bachs Passionen bildeten, war es vor allem Georg Friedrich Händel (1685–1759), der die Tradition der italienischen Oper übernahm und weiterführte. Nachdem er sich bereits als elfjähriger Knabe bei einem Aufenthalt in Berlin, gefördert durch den Kapellmeister Buononcini und den Violinisten Ariosti, an der zeitgenössischen italienischen und französischen Musik begeistert hatte, begann er sich 1704 an der jungen Hamburger Oper, 1706–1709 in Italien und nach 1710 in London mit großem Interesse dem Werk der Opera seria zu widmen. Die Möglichkeit, menschliche Schicksale zu lebendigen Bildern zu gestalten, regte seine musikalische Phantasie an. In England, wo bis zur Mitte des 17. Jahrhunderts Maskenspiele die Einflüsse des

Heinrich Schütz,
mit 87 Jahren ältester
Kapellmeister seiner Zeit.
Kupferstich nach einem
Gemälde von Christian
Romstet.
Inv. Nr. A 264

Georg Friedrich Händel.
Schabkunst von John Faber
nach Thomas Hudson

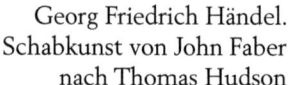

Heinrich Schütz mit seinem Chor in der Dresdener Hofkapelle.
Nach einem Kupferstich aus dem Dresdener Gesangbuch von 1676

London um 1710. Händel in der venezianischen Gondel wird von einer Sängerin auf einer schwimmenden Bassgeige begleitet.

Die letzten Linien von Händels Manuskript des Oratoriums *Messias* (1741)

italienischen Volkstheaters und des französischen Balletts vereint hatten, schuf Henry Purcell (1659–1695) die ersten Werke für »Gesang, Tanz und Bühnenmaschinerie, nach der Art einer Oper«: *The Fairy Queen*, *Der Sturm* und *Timon von Athen*, *Dido und Aeneas*. Erst Händel aber erhielt mit der Gründung der Royal Academy of Music 1719 in London die Möglichkeit, mit besten Sängern wie Faustina Bordoni und Senesino eine neunjährige Glanzzeit der italienischen Oper herbeizuführen. Seine Opern *Radamisto*, *Giulio Cesare*, *Rodelinda* u. a. wurden in dieser Zeit uraufgeführt. Als 1728 die *Beggar's Opera* von Gay

41

Der Komponist
Henry Purcell.
Porträt von
J. Closterman

und Pepusch das des albernen Gehabes der Kastraten und der Zänkereien der Primadonnen überdrüssige Publikum weglockte und italienische Konkurrenzunternehmen unter Buononcini, Arrigoni und Porpora mit den Stars Senesino und Farinelli in London gastierten, kämpfte Händel während Jahren vergeblich gegen das erlahmende Interesse des englischen Opernpublikums, bevor sich 1743 mit der Aufführung seines *Messias* in England der Sieg des Oratoriums über die italienische Oper abzeichnete.

Nicht nur in England missfiel das überzüchtete Virtuosentum der Italiener. In Wien riet Karl VI. dem Kastraten Farinelli, die eitlen Verzierungen in seinem Gesang zu unterlassen und eine einfache Linie anzustreben. Tosi, der in seiner Gesangschule die Messa di voce an den Anfang seiner Gesangmethode stellte und eine einfache, auf Atemführung und Legato beruhende Technik anstrebte, beklagte, *wie sehr sich die neue Zeit von der Gewohnheit des Altväterischen abgewandt* habe und meinte ironisch, *die neue Mode verlangt, dass der Sänger bereit ist, bei jeder Gelegenheit in Schluchzen und Weinen auszubrechen*, und dass die Sänger *mit ihrem allzu vielen Coloriren die im Gesang vorgeschriebenen Limites überschreiten und denselben dermaßen verderben und verdunkeln, dass man nicht weiß, was sie singen, auch weder den Text noch die Noten verstehen kann.*

Variationen von Angelica Catalani zu der Arie *Nel cor più non mi sento* von Giovanni Paisiello

In der Tat war die Bedeutung des Textes, erstes Anliegen der Schöpfer der Oper, ebenso verlorengegangen wie die klare Melodieführung, die in dem Dickicht der Verzierungen und Kadenzen nicht mehr zu erkennen war – eine Entwicklung, die an die Zeit des Verfalls der griechischen Dichtung und Musik nach dem Peloponnesischen Krieg erinnert.

Seit 1700 wurden Forderungen laut nach bedeutungsvollen Texten, ja gar nach Einheit der Person des Dichters und Komponisten, wie dies der Venezianer Francesco Algarotti (1712–1764) verlangte. Der Bologneser Komponist und Musiktheoretiker Padre Martini erklärte 1769: *Wenn doch endlich ein Musiker nach dem Vorbilde der Griechen die Kunst wiederfände, die Leidenschaft zu wecken!*

In Frankreich, das von Anbeginn den verzierten Stil der italienischen Oper und das unmännliche Gebaren der Kastratensänger abgelehnt und den ernsten, höfischen Opern Lullys und Rameaus den Vorrang gegeben hatte, führte Christoph Willibald Gluck (1714–1787) als erster eine neue Form der Oper ein. *Die Musen stellte er über die Sirenen*, steht als Aufschrift auf seiner Büste in der Pariser Oper zum Dank, dass er die Vorherrschaft der Sänger beendete. Gluck, der mehrere Streichinstrumente, Klavier und Gesang beherrschte, den Gesang aber als Grundlage seines musikalischen Schaffens betrachtete, beendete nach Lehrjahren bei Caldara in Wien und Sammartini in Mailand und nach einer Reihe von konventionellen Opernkompositionen für italienische Städte 1762 seinen *Orpheus*. Ruhige Melodieführung ohne Verzierungen in den Arien, Charakterisierung der Persönlichkeit im orchestral begleiteten Rezitativ waren die Merkmale seines Werkes. Noch dichter war die textliche Vorlage zu seiner 1767 komponierten *Alceste*. Hatte ihn bereits Händel in London um 1740 auf die fehlende Wirkung von Chören und farbiger Instrumentierung in den italienischen Opern hingewiesen, so verwendete er nun Chorszenen und, dem Geschmack der Franzosen folgend, das Ballett und setzte im Orchester neben Streichern vielfach Bläser ein. Die Arie war nicht mehr Ausdruck der Kehlfertigkeit, sondern gab die Empfindung einer lebendigen Gestalt wieder. *Ich befinde mich im Lande der Wunderwerke. Ein ernsthaftes Singspiel ohne Kastraten, eine Musik ohne Gurgelei, ein wälsches Gedicht ohne Schwulst und Flitterwitz*, schrieb Sonnenfels über *Alceste* (zit. nach Ludwig Nohl). Mit seiner *Iphigenie* setzte Gluck in Paris seinen neuen Stil durch, der fortan für die Opernmusikentwicklung in Österreich, Deutschland, Russland und Frankreich Ende des 18. und im Verlauf des 19. Jahrhunderts richtunggebend blieb. Wolfgang Amadeus Mozart allerdings, dessen *Idomeneo* (1781) nach seinem Pariser Besuch 1778 in München uraufgeführt wurde, blieb es vorbehalten, die gesamten bisherigen Stilmittel der Italiener zusammenzufassen und, mit den Errun-

Jean Baptiste Lully
(1632–1687)

genschaften Glucks, den überlieferten Opernformen der Opera seria (*Titus*), der Opera buffa (*Figaro, Così fan tutte*) sowie dem aus dem französischen Vaudeville entstandenen Singspiel (*Die Entführung aus dem Serail*) zu den neuen Grundformen der deutschen Oper zu gestalten.

In Deutschland, wo nach dem Dreißigjährigen Krieg zunächst die religiöse Musik mit dem Kantaten- und Passionswerk Johann Sebastian Bachs eine Hochblüte erlebte, entwickelte sich zur Zeit der Klassik im 18. Jahrhundert gleichzeitig mit der deutschen Oper Haydns und Mozarts die neue Form des deutschen Kunstliedes, wie es dann durch Franz Schubert, Robert Schumann, Johannes Brahms und Hugo Wolf im 19. Jahrhundert in reicher Vielfalt erstand.

Neben den Opernaufführungen entwickelte sich auch eine neue Form der Konzertveranstaltungen: Traten die Gesangvirtuosen und Instrumentalsolisten zunächst in Konzerten bei Hofe auf, so entstanden im 18. Jahrhundert Vereinigungen für die Veranstaltung öffentlicher Konzerte in den europäischen Städten, so die Concerts spirituels in Paris ab 1725, die Tonkünstler Societät in Wien, die Professional Concerts in London, die Felix-Meritis-Konzerte in Amsterdam, die Gewandhauskonzerte in Leipzig.

Waren durch die Errungenschaften Glucks die musikalischen und geistigen Forderungen nach einer

Aufführung einer Bach-Kantate. Die Instrumente im begleitenden Orchester sind deutlich zu erkennen. Nach einer Radierung aus Johann Gottfried Walthers *Musikalischem Lexikon*, 1732.

Szene aus dem
Singspiel
*Die Entführung
aus dem Serail*
von Wolfgang
Amadeus
Mozart.
Inszenierung von
Giorgio Strehler,
Salzburger Fest-
spiele 1974

unten links:
Figaros Hochzeit,
Salzburger Fest-
spiele 1968.
Cherubino:
Edith Mathis,
Susanna: Olivera
Miljakovic.

Wolfgang
Amadeus
Mozart.
Zeichnung von
Dora Stock,
1789

Oper mit klarer Melodieführung und textlichem Gehalt um die Wende zum 19. Jahrhundert zunächst erfüllt, so bedeutete dies nicht gleichzeitig eine Rettung der ins Virtuosentum abgefallenen Gesangskunst. Vielmehr wurde diese zusätzlich bedroht durch die größer werdenden Orchester und durch die stärkeren Ausdrucksakzente, welche die romantische Handlung forderte. Schon um die Mitte des 18. Jahrhunderts hatte eine Kommission zur *Wiederherstellung einer guten Gesangmethode* unter Mitwirkung des Komponisten Cherubini, des Musiktheoretikers Padre Martini, des Kastraten Mengozzi und anderen festgestellt: *Die Gesangskunst des Cantabile, die man mit Recht das Nonplusultra des Gesangs nennen kann, wird heutzutage wie in Vocal- so in Instrumentalmusik vernachlässigt, oder, besser gesagt, sie geht ganz unter. Zu wünschen wäre, dass sie wieder auflebe, denn das Studium, welches ihr vorangehen muss, müsste vortreffliche Sänger bilden* (zit. nach Giambattista Martini).

Größte Anforderungen an die Sänger stellten die neuen Rezitative mit Orchesterbegleitung. Einerseits erlaubte die vielfältige Instrumentierung nicht mehr wie früher ein beliebiges Transponieren der Partien in die dem Sänger genehme Lage, andererseits konnten die Tenöre und Sopranistinnen, die gegen Ende des Jahrhunderts allmählich die Kastraten ersetzten, nicht denselben Stimmumfang bewältigen. Schon Rossinis Orchestrierung war für damalige Zeiten gewaltig und setzte der Karriere seiner Gattin, der Sopranistin Isabella Colbran, für die er zwischen 1815 und 1823 alle Opern schrieb, ein verfrühtes Ende. Dem Beispiel der Kastraten folgend, sang sie wie ihre Kolleginnen Giuditta Pasta und Maria Malibran in tiefer Lage, vor allem für dramatische Akzente, mit voller Bruststimme und verlor dadurch zusehends an Höhe, was der Wandel von Rossinis Sopranpartien in dieser Zeit beweist. Reicht sie in *Armida* (1817) noch bis zum hohen c, so kommt in *Semiramis* nur noch selten ein a oder b vor. Auch an die Tenorstimmen stellte Rossini neue Anforderungen. Forderte er noch in seinen Neapolitaner Opern hohe c, cis, ja sogar d, die mit leichter, beweglicher Kopfstimme gesungen wurden, so änderte sich sein Stil grundlegend, nachdem er sich in Paris niedergelassen hatte. Dem Geschmack der Franzosen folgend, strebte er eine einfachere, unverzierte, dafür dramatische Gesanglinie an, die über das große Orchester hinwegtragen musste.

Laute und hohe Töne zu produzieren wurde fortan das Hauptziel eines jeden Tenors. Der Tenor Duprez, erster Edgar in Donizettis *Lucia di Lammermoor* und Lehrer des berühmten Pol Plançon, erregte mit seinem mit Bruststimme gesungenen hohen c den glühenden Neid seiner Kollegen. Neben den heldischen Tenören behaupteten sich Sänger wie Giovanni-Battista Rubini und später der berühmte Mario mit leichter geführter, aber stark vibrierender Stimme, von den Italienern oft Voce di capra, Ziegenstimme, genannt, welche

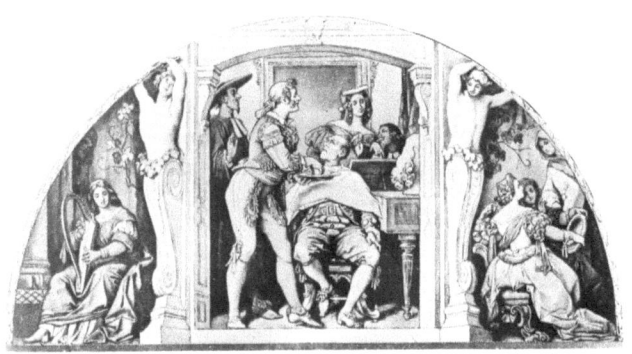

Lünettenbild zu Rossinis Oper *Il barbiere di Siviglia* von Moritz von Schwind

Gioacchino Rossini (1792–1868)

Giovanni-Battista Rubini (1794–1854) war einer der virtuosesten italienischen Tenöre des 19. Jahrhunderts

Gaetano Donizetti (1797–1848)

Isabella Colbran (1785–1845), spanische Sopranistin und Gattin von Gioacchino Rossini. Nach einem Gemälde von Ferdinand Waldmüller (Ausschnitt)

die extrem hohen Lagen in den Partien von Bellini und Donizetti mit einer Mischung aus Falsett und Kopfstimme erreichten. Eine ähnliche Trennung fand bei den Frauenstimmen statt. Auch hier wünschten Komponisten immer mehr die hohen, leicht über das Orchester hinwegtragenden Töne, welche Colbran und Pasta mit ihren tiefen, dramatischen Stimmen nicht bewältigen konnten. Immer mehr wurden für die Rollen der romantischen Heroinen die hohen

Stimmen einer Jenny Lind, einer Henriette Sontag oder einer Adelina Patti verlangt, während dem Altfach die weniger wichtigen Rollen der Zofen, Mütter, Dienerinnen zugeteilt wurden. Nochmals unterteilt wurde das Fach der Sopranheldin unter dem Einfluss der französischen Musik, die namentlich in den Werken von Meyerbeer und Halévy große, weittragende, hohe Sopranstimmen forderte.

Auch in den deutschen Opern steigerten sich nach der Zeit Mozarts die Anforderungen an die Sopranheroinen, deren berühmteste, Wilhelmine Schroeder-Devrient, 1822 Beethovens *Fidelio* kreierte und die Werke Webers und Spontinis ebenso packend gestaltete wie später die Lieder von Beethoven, Schubert und Schumann, und die Richard Wagner zu den Partien des Adriano in *Rienzi*, der Senta im *Fliegenden Holländer* und der Venus im *Tannhäuser* inspirierte. Sangen ihre Nachfolgerinnen zum Teil noch alle Partien des lyrischen und des dramatischen Fachs sowie des Koloratur- und des Mezzosopranfachs – Lilli Lehmann (1848–1929) zum Beispiel sang 128 Partien, darunter die Königin der Nacht, alle drei Brünnhilden, Norma, Violetta und Carmen –, so teilte sich im Laufe des 19. Jahrhunderts das Sopranfach weiter auf. Schon Meyerbeer hatte in seinen *Hugenotten* in den Besetzungsanweisungen für die drei Sopranrollen den lyrischen Sopran geschaffen, der sich durch Umfang und

Farbe von der dramatischen Stimme abhebt. Ebenso nahm der Koloratursopran immer mehr eine gesonderte Stellung ein. Für Partien wie Donizettis Lucia, Verdis Amneris und Eboli, um die Mitte des 19. Jahrhunderts oft noch von Sopranistinnen gesungen, wurde das neue Fach des Mezzosoprans geschaffen. Auch das Fach des Baritons, zu Zeiten Händels und Mozarts noch unbekannt, entstand um die Mitte des 19. Jahrhunderts, als mit den Opern Donizettis und später Verdis auch die Basspartien immer höher gelegt wurden und

Maria Malibran, die im Alter von 28 Jahren verstorbene Schwester von García d. J., in der Gefängnisszene der Oper *Fidelio*

Vincenzo Bellini
(1801–1835)

für die hohen Töne eine Beimischung von Kopfstimme erforderten. In dieser Technik brachte es vor allem Mattia Battistini nach 1870 zur Perfektion.

Die ganze zweite Hälfte des 19. Jahrhunderts stand im Zeichen eines Höhertreibens der Stimme und gleichzeitig immer größerer Anforderungen an die dramatische Ausdruckskraft und Ausdauer der Sänger. Hatten Bellini und Donizetti bereits die hohen Lagen bevorzugt, so forderte Verdi den Stimmen in der Höhe zusätzlich größtes Volumen ab. George Bernard Shaw kommentierte deshalb: *Das ganze Geheimnis einer gesunden Gesangliteratur liegt darin, im natürlichen Umfang der Stimme zu bleiben und den Hauptteil der Sängerleistungen in der Mittellage zu halten. Leider sind*

Giuseppe Verdi
(1831–1901).
Stahlstich von
Auguste Hüssener

die Töne der Mittellage nicht immer die schönsten und bei ungenügend oder schlecht Ausgebildeten oft die schwächsten. Deshalb sind die Komponisten ständig versucht, fast nur für das obere Fünftel der Stimme zu schreiben, und genau dies tat Verdi ohne Gewissensbisse. Er behandelte das obere Fünftel als Gesamtumfang der Stimme und legte seine Melodien in die Mitte davon, anstatt, wie es richtig wäre, in die Mitte des Gesamtumfanges. Das Ergebnis ist eine entsetzliche Überbelastung des Sängers.

Mattia Battistini in der Oper *Ernani* von Giuseppe Verdi

Luciano Pavarotti (geb. 1935),
italienischer Tenor. Hier in
Tosca von Giacomo Puccini

Der spanische
Tenor Plácido
Domingo (geb.
1941) und die
deutsche Sopra-
nistin Edda Moser
(geb. 1941) in
*Les contes
d'Hoffmann* von
Jacques Offen-
bach, in einer
Produktion der
Oper der Stadt
Köln

Lilli Lehmann (1848–1929),
deutsche Sopranistin.
Hier als Venus im *Tann-
häuser* von Richard Wagner

Joan Sutherland
(geb. 1926),
australische
Koloratur-
sopranistin

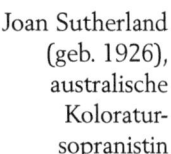

Die spanische
Primadonna
Montserrat
Caballé überzeugt
durch perfekte
Stimmführung,
typisches Timbre,
Koloraturtechnik
und humorvolle
Rollendarstellung.

Edita Gruberová
(geb. 1946),
slowakische Kolora-
tursopranistin.
Hier als Zerbinetta
in *Ariadne auf
Naxos* von
Richard Strauss

Oben: Die rumänische Sopranistin Julia Várady (geb. 1941) und der deutsche Bariton Dietrich Fischer-Dieskau (geb. 1925) in *Lear* von Aribert Reimann

Links: Maria Callas (1923–1977), griechisch-amerikanische Sopranistin. Hier in der Titelrolle der *Anna Bolena* von Gaetano Donizetti

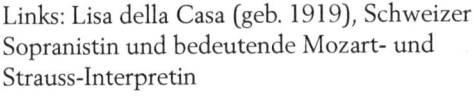

Links: Lisa della Casa (geb. 1919), Schweizer Sopranistin und bedeutende Mozart- und Strauss-Interpretin

daneben: Benjamino Gigli (1890–1957), italienischer Tenor. Hier als Chevalier Des Grieux in *Manon* von Jules Massenet

Adelina Patti (1843–1919), italienische Sopranistin. Hier als Marguerite in *Faust* von Charles Gounod

Ernst Haefliger (geb. 1919), Schweizer Tenor. Hier in *Palestrina* von Hans Pfitzner

rechts: Hildegard Behrens (1937–2009) war eigentlich der Antityp einer hochdramatischen Sopranistin – man denke nur an die unvergessliche Kirsten Flagstad, die mit ihrer fülligen Figur den Typus der Wagnerheroine kreierte. Dagegen bezauberte »die Behrens« mit ihrer grazilen Erscheinung ebenso wie mit der Leuchtkraft ihres Soprans und mit ihrer schlafwandlerischen sicheren Musikalität.

oben: José Carreras (geb. 1946), einer der »drei Tenöre«, hat es dank sängerischer Intelligenz und unverwechselbarem Timbre verstanden, mit seiner beinahe lyrischen Tenorstimme neben den beiden »Powertenören« Luciano Pavarotti und Placido Domingo zu bestehen.

rechts: René Jacobs (geb. 1946), Countertenor, ist heute der hervorragendste Vertreter seiner Stimmgattung. Er tritt auch als Dirigent hervor.

links oben: René Kollo (geb. 1937) hat während Jahrzehnten das gesamte deutsche Heldentenor-Repertoire interpretiert und sich vor allem als Wagner-Sänger einen Ruf erworben.

links unten: Matti Salminen (geb. 1945), der finnische Bassist, ist sowohl stimmlich als darstellerisch der würdige Nachfolger des unvergessenen Josef Greindl, ein anrührender und überzeugender König Marke in Wagners »Tristan«.

oben: Fritz Wunderlich (1930–1966), der viel zu früh verstorbene lyrische Tenor, war ein begnadeter Tamino und ein einfühlsamer Liedsänger. Seine kräftige, leuchtende Stimme und sein ureigenes, fröhliches Temperament machten ihn zum Publikumsliebling.

links: Cecilia Bartoli (geb. 1966) ist eine der bedeutendsten lyrischen Koloratursopranistinnen. Mit feingeschliffener Technik und überwältigendem Charme bezaubert sie ihr Publikum und ist die »Diva Assoluta« unserer Zeit.

links: Anne Sofie von Otter (geb. 1955) besitzt eine der bezauberndsten Mezzosopran-Stimmen und ist eine ideale Interpretin der Hosenrollen bei Mozart und Strauss. Eine echte Nachfolgerin für die unvergessene Hertha Töpper. (Foto: Mats Becker)

oben: Peter Schreier (geb. 1935) besticht durch seine klare, unverwechselbare Stimme und die hohe Musikalität, die schon in seiner Jugend bei der Erziehung als Chorknabe gefördert wurde. Peter Schreier, der vor allem als Bach- und Liedsänger überzeugte, ist auch als Dirigent tätig.

links: Thomas Hampson (geb. 1955), Bariton, wurde von Kritikern schon bei seinen ersten Auftritten als die »Rückkehr von Hermann Prey und Dietrich Fischer-Dieskau in einer Person« gefeiert (Szenenfoto in »Doktor Faust« von F. Busoni).

Bedeuteten die Kompositionen Verdis und die seiner Zeitgenossen wie Gounod, Bizet, Saint-Saëns, Massenet in Frankreich, Puccini, Mascagni, Leoncavallo in Italien, Glinka, Borodin, Musorgskij und Tschaikowsky in Russland, Janáček, Dvořák, Smetana in Böhmen und Grieg in Norwegen schon eine ständig wachsende Anforderung an alle Stimmlagen, so verlangten die Opern Richard Wagners (1813–1883) nochmals eine gigantische, oft fehlgeleitete Anpassung der gesanglichen Technik. Ungleich den Opern Verdis strapazieren Wagners Werke die Sänger weniger durch ihre hohe Lage als durch die geforderte Ausdauer, durch Partien, in denen der Sänger oft bis zu einer halben Stunde ohne Unterbrechung zu singen hat. Zahlreich sind die Geschichten von Sängern, die, wie die Heldentenöre Schnorr von Carolsfeld, Albert Niemann, Erik Schmedes oder der Bariton Anton van Rooy, sich mit den Partien Wagners ihre Stimme ruiniert haben sollen. Dass Wagner selbst ein Belcanto-Ideal für die Interpretation seiner Werke vor-

Georges Bizet
(1838–1875)

Richard Wagner
als Dirigent.
Karikatur von Spy, 1877

Eröffnungsszene der
Meistersinger von Nürnberg
von Richard Wagner, in der
Inszenierung von Wieland
Wagner, Bayreuth 1957

schwebte, beweist seine Begeisterung, als er 1881 in Rom Mattia Battistini als Wolfram im Teatro Argentino hörte. Trotz der italienischen Übersetzung und obwohl Battistini einen Teil der Partie transponierte, erklärte Wagner hinterher, so habe er sich die Interpretation der Rolle erträumt. Die Unsitte des abgehackten Sprechgesangs, der eine Zeitlang für Wagners Werke als richtig galt, kann weniger dem Komponisten als seinen Nachfolgern in Bayreuth angelastet werden. In der Tat erklärte Wagner selbst: *Ich habe so genau das Gewicht und die Betonung der Sprache festgelegt, dass der Sänger nur die Noten in ihren exakten Werten und im richtigen Tempo zu singen braucht, um genauso den deklamatorischen Ausdruck zu treffen.*

Die Verwirrung, die durch die völlig neuen Anforderungen an die Gesangstimme entstand, begründete eine Flut von Irrlehren, mit denen man die Probleme zu bewältigen suchte. Anstelle einer klaren technischen Ausbildung wurde vielfach mit Gähn-, Lach- und Flüstermethoden oder mit »Sensationen« nach dem Vorbild der Sängerin Lilli Lehmann gearbeitet. Auch Positives entstand, so die Sprachschule des Sprechpädagogen Julius Hey, der eine Zeitlang an der Wagnerschen Musikakademie in München lehrte und die bis heute gültigste Sprechlehre für die deutsche Sprache geschaffen hat. Entscheidend zur allgemeinen Konfusion im Gesangunterricht gegen Ende des 19. und zu Beginn des 20. Jahrhunderts hatte aber ausgerechnet der letzte große Lehrer des Belcantostils, der Spanier Manuel García der Jüngere, beigetragen, der mit seiner Erfindung des Kehlkopfspiegels zum erstenmal die physiologischen Vorgänge beim Singen sichtbar machte.

Er verleitete eine Generation von Gesangslehrern dazu, neue Erkenntnisse in unklarer Terminologie als Anweisungen an ihre Schüler weiterzugeben. Selbst in den ersten Jahren seiner Tätigkeit noch zu Thesen geneigt, die klare technische Grundsätze durcheinanderbringen konnten, korrigiert er diese doch in späte-

Julius Hey (1832–1909) war der große Theoretiker und Stimmbildner der Wagner-Ära, der Sprechen und Singen als Einheit erkannte und damit auch auf andere Kultursprachen Europas einwirkte. Mit ihm hat Julius Stockhausens deutsche Variante der Gesangmethode von Manuel García Krönung und Abschluss gefunden.

ren Jahren rigoros. Er bleibt sowohl mit seiner Gesangschule wie durch das an seine prominenten Schüler Julius Stockhausen, Johannes Meschaert, Salvatore und Mathilde Marchesi weitergegebene Erbe derjenige Meister des Belcanto, der bis ins 20. Jahrhundert den größten Einfluss auf den Gesang ausübte (siehe S. 93).

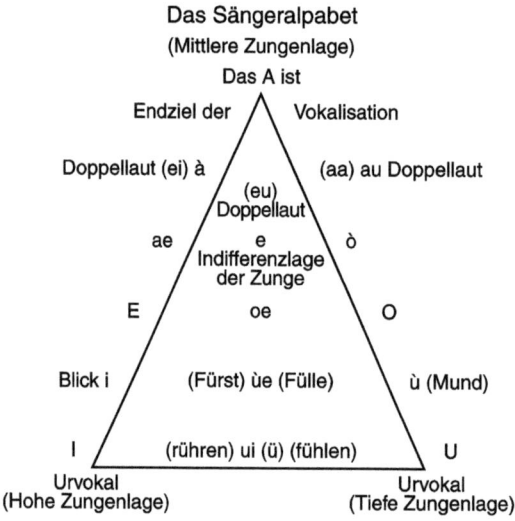

Das Sängeralphabet oder Vokaldreieck, an dem der deutsche Sänger und Pädagoge Julius Stockhausen die Bedeutung der Vokale und ihre Stellung zueinander für seine Gesangmethode demonstrierte

Neue Anforderungen an die Stimme im 20. Jahrhundert

Die Anforderungen der zeitgenössischen Musik an die menschliche »Sing«-Stimme sind gewaltig. Sprechen, Rufen, Schreien, Pfeifen, Zischen, Lachen gehören zu den einfacheren Vorgaben. Für den Ausführenden auch der expressivsten, dynamisch anspruchsvollsten Komposition gelten verstärkt die technischen Empfehlungen der Seiten 130ff. und 137ff. Nur eine saubere Beherrschung der Atemtechnik und geschliffen reiner Koloraturen erlaubt das zuverlässige Treffen der ungewöhnlichen Tonschritte, die Bewältigung der Anforderungen an Stimmkraft und Expression. Die Ausführung vieler zeitgenössischer Werke stellt eine große Gefahr dar für die Gesundheit der Singstimme, wenn nicht aus dem Fundus einer sauberen Technik geschöpft werden kann. Wichtig ist zweifellos, wie von Aribert Reimann immer betont, eine frühe, intensive Gehörbildung, die auch bei dem Sänger, der nicht über absolutes Gehör verfügt, die Vorstellungskraft für ungewöhnliche Tonschritte und deren Bewältigung – z. B. mit »Hör-Brücken«, siehe unten – wecken kann.

56

Die vorgenannten, technischen Gesangsübungen sind daneben unbedingt aufrecht zu erhalten.

Nicht nur die stupend sichere Beherrschung der Technik wird bei der Ausführung heutiger Musik vom Sänger gefordert. Die neuartigen Notationen verlangen eingehendes Studium und Verständnis für die Intentionen des Komponisten. Ungewöhnliche Tonschritte müssen geduldig erarbeitet werden; oft helfen »Hör-Brücken«: Eine schwierige Septime etwa wird gebildet durch Addieren eines Tons über der Sexte (Beispiel Webern: Takt 2 der *Drei Lieder*), und genaues Hören auf die Begleitung ist entscheidend. Unbedingt wird der angehende Sänger heute frühzeitig einschlägige Literatur zu diesem Thema erarbeiten, z. B. Erhard Karkoschkas *Das Schriftbild der neuen Musik* (Hermann Moeck Verlag, Celle [4]1991). Aufgrund der ständig wechselnden Notierungen muss darauf geachtet werden, dass immer die aktuellste Ausgabe eines Werks zur Verfügung steht. Der erste Blick auf die verwirrende Vielfalt dieser zeitgenössischen Notierungen mag manchen jungen Musiker erschrecken. Allein die sorgfältige Beschäftigung mit dem neuen Schriftbild vermittelt ein tiefes Verständnis für den Charakter und die Vielfalt zeitgenössischer Kompositionen. Aribert Reimann bietet in seiner *Engführung* durch die Notierung in kurzen und langen Strichen dem einfühlsamen Sänger eine Vielfalt von Gestaltungsmöglichkeiten (siehe Notenbeispiel S. 58) wiederum kann er (vgl. Beispiel) mit flirrender Achtelbegleitung den Sänger antreiben. Glücklich schätzen kann sich jeder Musiker, dem sich die Gelegenheit bietet, mit dem Komponisten persönlich ein neues Werk zu erarbeiten: Die Proben zur Uraufführung der *Engführung* mit Aribert Reimann waren für mich eine wegweisende Erfahrung. Wichtig für das Verständnis der Gegebenheiten einer Singstimme gerade bei Aribert Reimann war sicherlich die Tatsache, dass seine Mutter eine erfolgreiche Liedsängerin war, die er in seiner Jugend oft begleitete. Auch Igor Strawinskys Vater war Sänger, was mit die hinreißende Sangbarkeit seiner Kompositionen erklärt.

Unvergesslich sind mir die Proben zu Strawinskys *Oedipus Rex*, mit dem Komponisten am Dirigentenpult (München, Deutsches Museum 1952). Strawinskys besondere Aufmerksamkeit galt nicht etwa Tonschritten oder Phrasierungen, sondern einer gefühlvoll akzentuierten Aussprache, der deutlichen Verbindung der Konsonanten beispielsweise bei *invidia fortunam odit* in der ausgedruckten Verbindung »i-nvi-diam« und die dadurch entstehende klagende Verlängerung des ersten »i«. Strawinsky betonte diesen Wunsch ausdrücklich durch Eintragung einer halben, im vorangehenden Takt einsetzenden D-Note in meiner Partitur (siehe den Ausschnitt S. 59). *Vous chantez comme mon père a chanté*, klang es zufrieden vom Meister, wenn sein Wunsch erfüllt wurde.

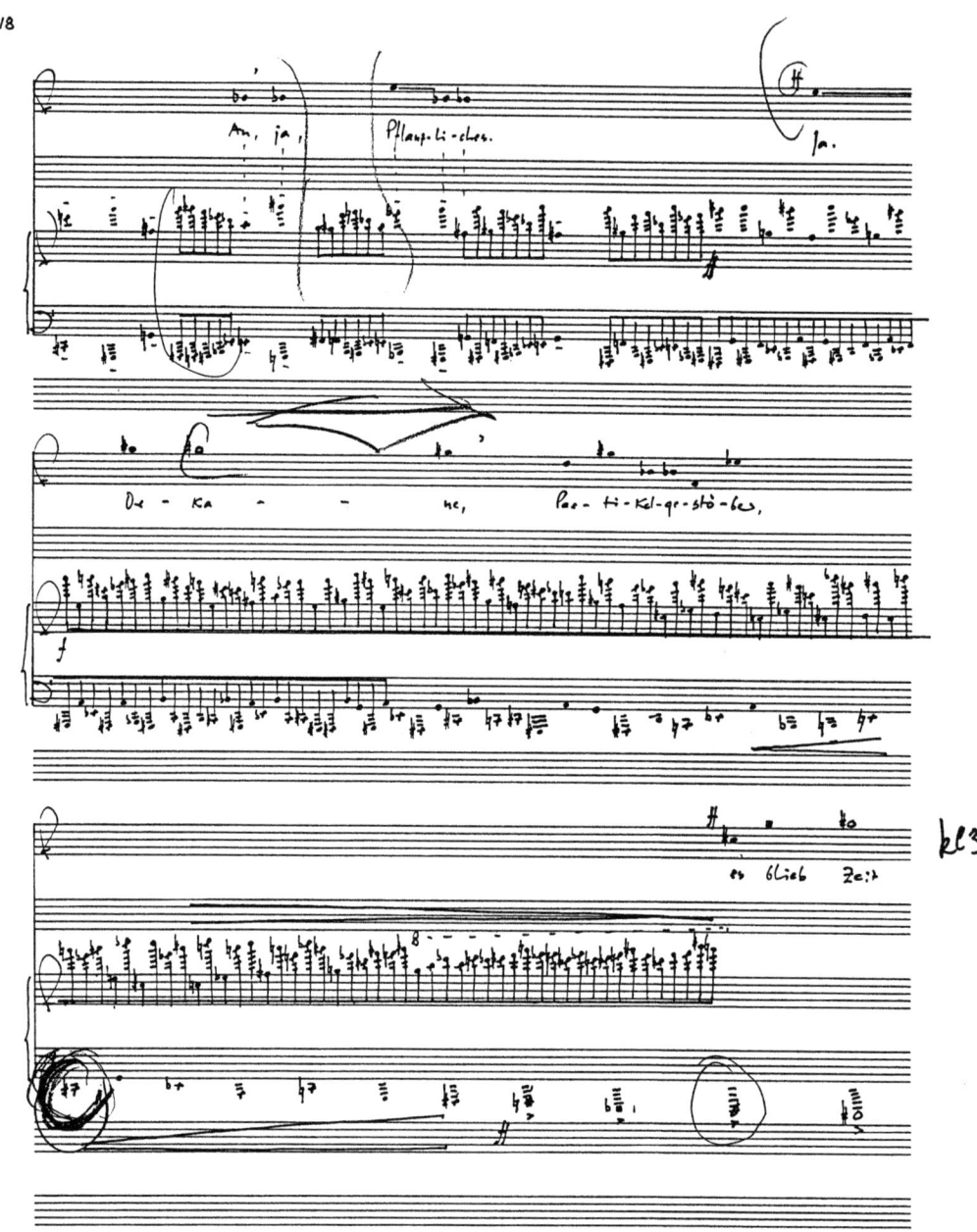

Aribert Reimann, *Engführung* für Tenor und Klavier (1967)

Igor Strawinsky, *Oedipus Rex* (1927/1948)

Auch von Anton Webern ist bekannt, dass er keine »nackten« Tonreihen wünschte, sondern der Verbindung von Tönen durch artikulierte Sprache große Bedeutung beimaß. Ebenso erwies sich Paul Hindemith bei der Aufführung altfranzösischer Balladen von Guillaume de Machaut, die er selbst mit der Kniegeige begleitete, als ein unbedingter Verfechter des Wortes: Er wünschte eine Interpretation nicht stur nach dem Takt, sondern im Sinn des Textes. Bei Dallapiccolas *Machado-Liedern*, einer reinen Zwölftonkomposition, sind ebenso wie bei Schönbergs *Buch der hängenden Gärten* Intensität und farbliche Vielfalt der Sprache entscheidend für die Kraft der Interpretation. Dasselbe gilt für die eindringlich-sangbaren *Chinesischen Liebeslieder* von Rolf Liebermann und für die in variablen Metren komponierten Lieder nach Benn-Gedichten von Boris Blacher: Persönliche Gestaltung durch das Mittel Sprache, nicht abstrakte Tonreihung ist auch bei der Interpretation von zeitgenössischer Musik von größter Wichtigkeit. Besonders für Schönberg war die persönliche Färbung der Sprache ein wesentliches Gestaltungselement. Er liebte das Melodram, z. B. *Pierrot lunaire*, verlieh auch seinen *Gurreliedern* mit dem Part des Erzählers eine starke Eindringlichkeit. Bei diesen Werken ist es wichtig, der vorgegebenen Tonlinie zwar zu folgen, jedoch keinesfalls zu singen – die Farbigkeit der reinen Sprechstimme muss voll ausgeschöpft werden.

Die Schwierigkeit, sich in neue Notierungen einzuarbeiten, sollte keinen Sänger davon abhalten, sich mit der Musik des 20. Jahrhunderts zu beschäftigen. Ein junges Publikum verlangt heute mit Recht in einem Liederabend nach modernen Kontrasten zu einem Lieder-Zyklus von Schubert, Schumann oder Beethoven: die genannte *Engführung* von Aribert Reimann, die *Drei Lieder* von Webern, die Benn-Lieder oder *Eine Amsel 13x gesehen* von Boris Blacher sind gültige Ergänzungen für Liederabende ebenso wie die *Lieder nach Machado* von Dallapiccola oder die *Chinesischen Liebeslieder* von Rolf Liebermann nach Gedichten von Klabund. Diese willkürliche Auswahl ist selbstverständlich aktuell zu ergänzen.

Das Instrument Stimme

Von Dr. med. Volker Barth

Vorbemerkung

Die an der Phonation eines Sängers beteiligten Vorgänge sind so zahlreich, dass immer nur Einzelbereiche erforscht werden können. Die Unklarheiten, die bei der Diskussion der Phonationsvorgänge zwischen Stimmärzten und Gesangpädagogen aufgetreten sind, erklären sich dadurch, dass richtige Einzeltatsachen, die entweder in der Forschung erarbeitet oder von dem Sänger empfunden worden sind, zu stark betont und zu sehr verallgemeinert wurden. In der Darstellung der nachfolgenden gesangsphysiologischen Grundtatsachen beziehe ich mich auf wissenschaftlich anerkannte Untersuchungen. Eigene neue Erkenntnisse konnte ich durch moderne Untersuchungsmethoden gewinnen, die es gestatten, das Stimmorgan des Sängers in allen Tonhöhen vergrößert und damit die Phonationsbewegungen der Stimmlippen genauer zu beobachten.

Meine Erfahrungen beruhen auf wissenschaftlichen Untersuchungen, die ich an Sängern in der eigenen Klinik sowie an verschiedenen Musikhochschulen und anlässlich verschiedenster Gesangkurse gewonnen habe. Aus dieser Vielzahl der Einzelerfahrungen möchte ich das Bild des künstlerisch ideal ausstrahlenden und funktionell ausgeglichenen Organs als Beschreibungsvorbild benutzen. Beim Lesen ist es wichtig, sich immer wieder vor Augen zu führen, dass die aus didaktischen Gründen nacheinander dargestellten Funktionsweisen der verschiedenen an der Phonation beteiligten Organe bei der künstlerischen Benutzung der Stimme optimal aufeinander abgestimmt zusammenarbeiten müssen. Die Abstimmung der verschiedenen Regelgrößen beim Singen ist also niemals über eine bewusste Einstellung einzelner Funktionsmechanismen zu erreichen, sondern kann gemäß ihrer Komplexität nur aufgrund einer allgemeinen körperlichen Empfindung koordiniert ablaufen.

Der Stimmapparat

Das Organ, das zu jeder stimmlichen Äußerung notwendig ist, ist der im Hals gelegene Kehlkopf. Er liegt anatomisch an der Stelle, wo sich Luft- und Speiseweg kreuzen, so dass der Kehlkopf primär ein Schutzorgan für die

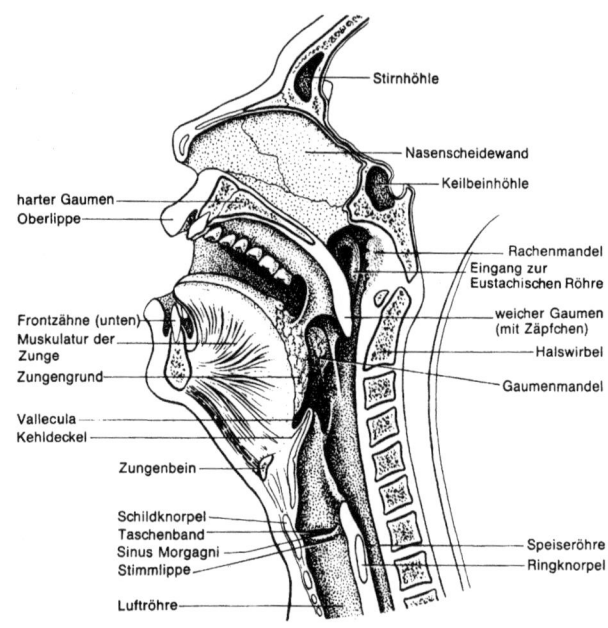

Schematische Darstellung des Aufbaus des Ansatzrohres mit seinen verschiedenen Funktionsräumen in Beziehung zum Kehlkopf und zur Luftröhre. Medianschnitt durch den Schädel und die obere Halspartie; nach von Essen. (Aus. Günther Habermann)

Lunge und in der Entwicklungsgeschichte als Ringmuskel angelegt war. Erst mit dem Erlernen der Phonation teilte sich dieses ringmuskuläre Organ in die einzelnen Organteile, wie wir sie als Stimmlippe mit dem Faserzug des Stimmbandes und mit dem Stimmlippenmuskel aufweisen.

Da die Stimmlippe an den Stellknorpel angehängt ist, kann sie beweglich auf der Ringknorpelgelenkfläche gleiten und sowohl die Atemfunktion als auch die Schutz- und Phonationsfunktion wahrnehmen. Der über den Kehlkopfstrukturen aufragende Kehldeckel ist ein zusätzliches Schutzorgan für die Atemwege, das den Strom der Speisen teilt und seitlich um den Kehlkopf herum in die Speiseröhre leitet, die hinter dem Kehlkopf beginnt. Die Phonation des Kehlkopfes ist entwicklungsgeschichtlich eine späte Funktion und dadurch für Störungen stärker anfällig als die Grundfunktion des Schutzes. Im Bereich der Stimmlippen vollzieht sich die Tonproduktion. Der Ton wird von dem kontinuierlich anströmenden Luftstrom unterhalten, der von unserem Atmungsorgan, der Lunge mit den ihr zugeordneten Organen wie Rippen, Aus- und Einatmungsmuskel, ausgeht. Die Klangformung des im Kehlkopf abgestrahlten primären Kehlkopftones geschieht im Bereich des Ansatzrohres, das sich zusammensetzt aus dem Kehlkopflumen, dem Cavum laryngis mit seinen Morgagnischen Ventrikeln, den unteren und den mittleren Rachenräumen, dem Mundraum, dem Nasenrachenraum und den Nasenräumen. Für

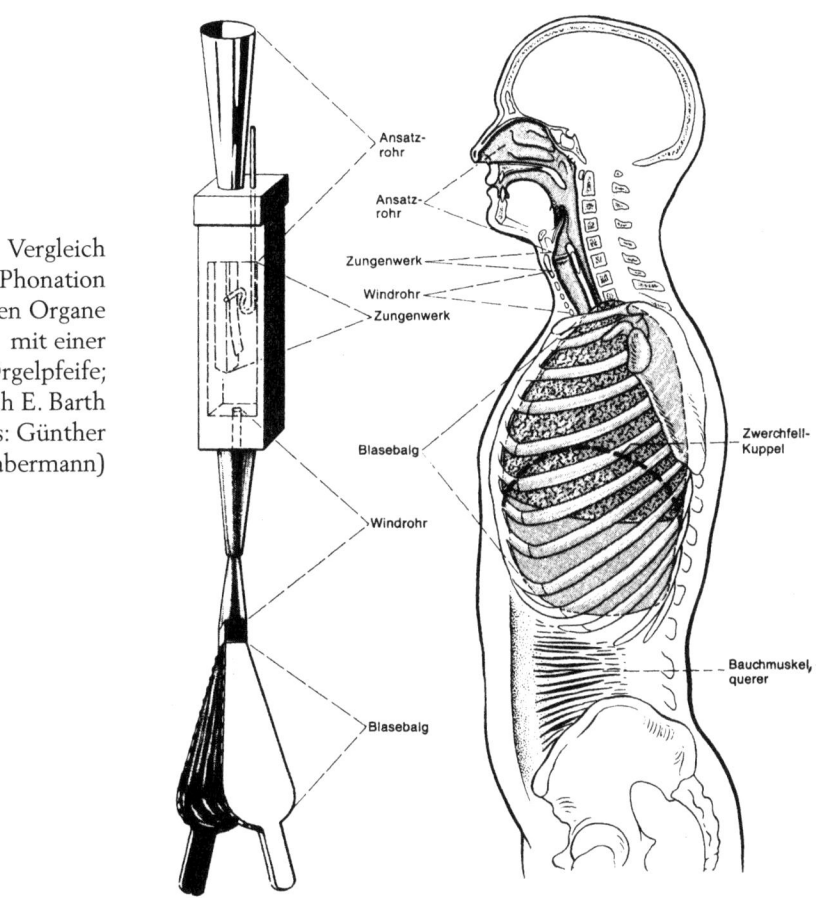

Vergleich der zur Phonation benutzten Organe mit einer Orgelpfeife; nach E. Barth (Aus: Günther Habermann)

den Sänger wichtig sind auch mit dem Klang mitschwingende Körperteile, die sogenannten Resonatoren. Es handelt sich dabei vor allem um das Brustbein, das spürbar mit Frequenzen des Grundtones mitschwingt, sowie um den Oberkiefer mit den Schneidezähnen, der seine Resonatorfrequenz in dem Obertonanteil des Stimmklanges besitzt, der die Tragfähigkeit der Gesangstimme ausmacht. Diese Resonatorbezirke sind für die Ausbildung des Körperempfindens beim Singen von großer Bedeutung.

Die menschliche Stimme ist am ehesten mit einem Doppelblattinstrument vergleichbar, weil durch einen kontinuierlichen Luftstrom und die Elastizität der Stimmlippen das Stimmorgan in eine periodische Bewegung versetzt wird.

Wenn wir unser Stimmorgan zum Beispiel mit der Pfeife einer Orgel vergleichen, so entsprechen dem Blasebalg die Lunge, dem Windrohr die Luftröhre, dem Tongenerator (der Zunge der Pfeife) die Stimmlippen.

Der Atem beim Singen

Die Natur hat die optimale Atemfunktion bei jedem Menschen präformiert. Wenn ein Säugling seine Stimme benutzt – und diese Funktion ist für ihn lebenswichtig –, so können wir beobachten, wie sich beim Einatmen die Bauchdecke hebt, um dann beim Schreien massiv eingezogen zu werden. Mit dieser Zwerchfell-Bauch-Atmung gelingt es uns, die größtmögliche Atemenergie an die Stimmlippen heranzuführen. Doch was passiert bei der Zwerchfell-Bauch-Atmung?

Bei der Einatmung senkt sich die Zwerchfellkuppel und vergrößert den Brustraum auf Kosten des Bauchraumes. Hierbei drücken die im Bauchraum befindlichen Organe, die nicht komprimierbar sind und die sonst nirgendwo eine Ausweichmöglichkeit haben, die Bauchdecke elastisch nach außen. So können wir bei der Einatmung die Bewegung des Zwerchfells durch die Vorwölbung der Bauchdecke mittelbar ablesen. Bei der Ausatmung – und nur während der Ausatmung können wir unsere Töne produzieren – wird die zuerst passive Bauchmuskulatur aktiv. Sie zieht sich zusammen und gibt über

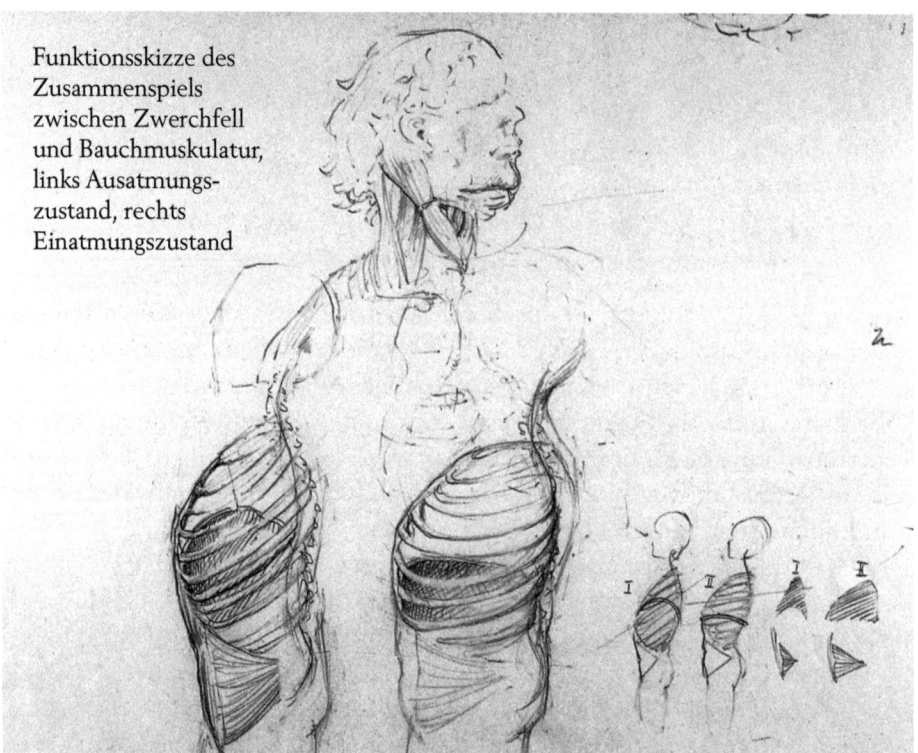

Funktionsskizze des
Zusammenspiels
zwischen Zwerchfell
und Bauchmuskulatur,
links Ausatmungs-
zustand, rechts
Einatmungszustand

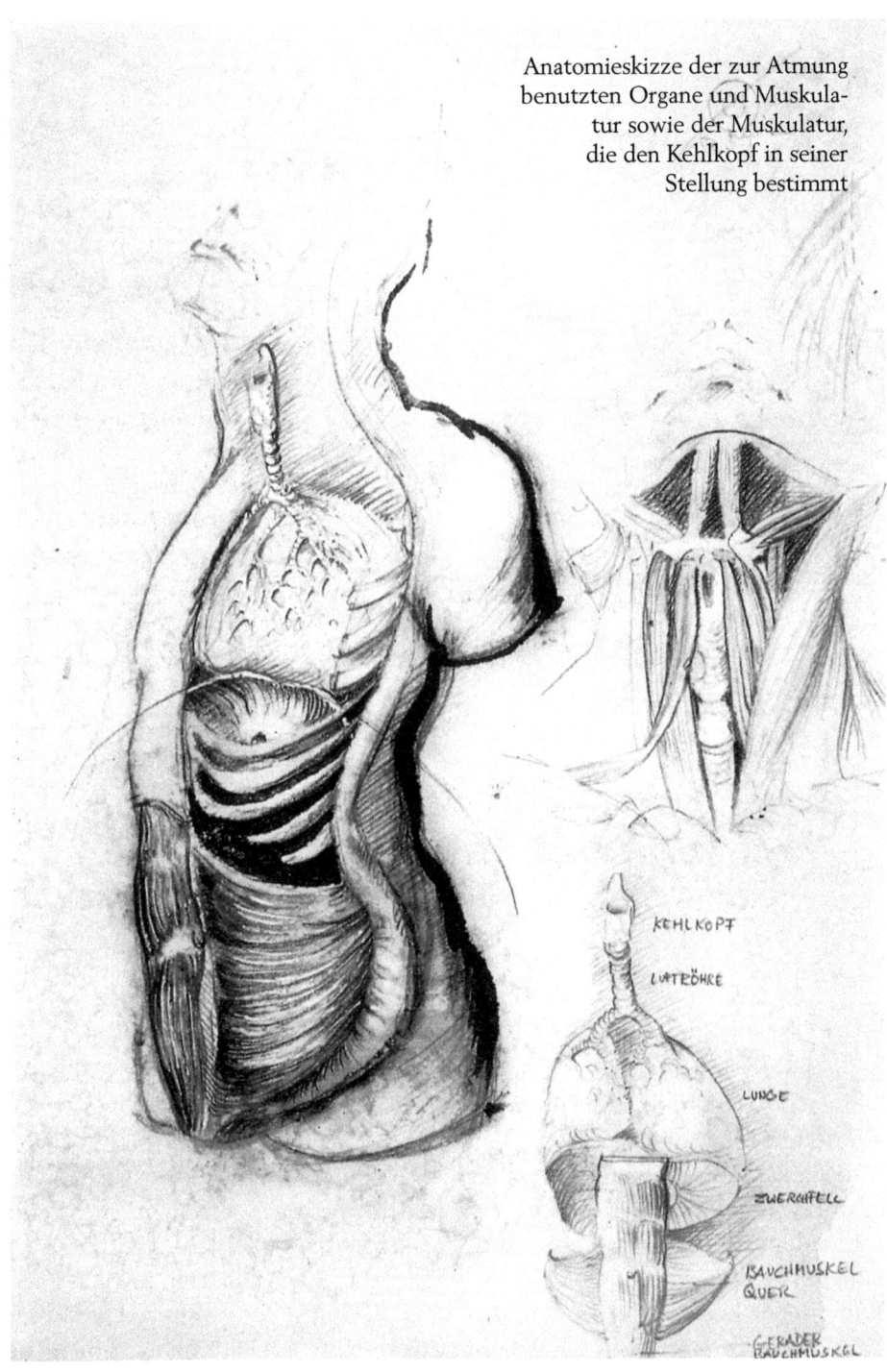

Anatomieskizze der zur Atmung
benutzten Organe und Muskulatur sowie der Muskulatur,
die den Kehlkopf in seiner
Stellung bestimmt

KEHLKOPF

LUFTRÖHRE

LUNGE

ZWERCHFELL

BAUCHMUSKEL
QUER

GERADER
BAUCHMUSKEL

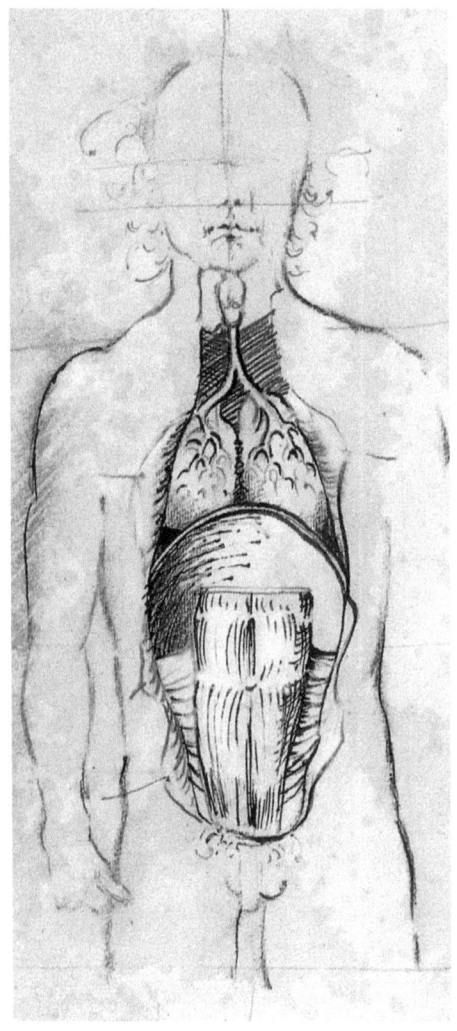

Teilschnitt von vorne: die zur
Atmung benutzten Organe

den Bauchinhalt ihre Kraft auf das Zwerchfell weiter, so dass sich dieses im Brustkorb nach oben bewegt und den ausströmenden Atem in Gang setzt.

Bei dieser Atmung sehen wir, dass das Zwerchfell und die Bauchdecke Antagonistenfunktion einnehmen. Beim Singen muss der Atem jedoch nicht nur energiereich sein, er muss auch an die gewollte Dynamik angepasst werden. Um diese Anpassung zu erreichen, darf nie die gesamte Energie, die dem Atem von den sehr muskelstarken Bauchmuskeln mitgegeben werden könnte, auf das Stimmorgan direkt wirken. Die Stimmlippen würden auseinandergeblasen, und es entstände gar kein Ton. Hierbei wirkt nun das Zwerchfell als Einatmungsmuskel durch Impulse regulatorisch, indem es den unter den Stimmlippen anströmenden Atemdruck mit der Spannung der Stimmlippen ausgleicht.

Wenn diese Bedingung erfüllt ist, kommt es zu einer vollständigen Umwandlung der Strömungsenergie des Atems in Klangenergie. Dieser Ausgleich zwischen Atemdruck und Stimmlippenspannung führt klangmäßig zu einem gestützten Ton.

Man kann dieses Phänomen sehr schön an einem Experiment zeigen, wie es mit einem berühmten italienischen Tenor vor einigen Jahren in einer Fernsehsendung zu sehen war. Er sang einen sehr lauten hohen Ton und hielt sich eine Kerze vor den Mund: die Kerze flackerte nicht. An diesem interessanten Experiment lässt sich erkennen, dass bei einer optimalen Tonproduktion im Bereich der Stimmlippen die gesamte Strömungsenergie des Atems in Klang verwandelt wird. Die Stimmlippen können dem Ton keine Energie zuführen. Wenn wir sie mit einem chemischen Bild vergleichen, so wirken sie wie ein Katalysator in einer chemischen Reaktion.

Wie jeder Muskel, so kann auch das Zwerchfell durch eine optimale Vorspannung, das bedeutet durch eine besonders gute Weitung der unteren Brustkorböffnung, die bei einem im gesamten gehobenen oberen Atemkörper auftritt, seine Arbeit am besten ausführen. Bei der Ausatmung soll demzufolge dieser obere Atemkörper möglichst geweitet bleiben, damit das Zwerchfell immer aus der größtmöglichen Vorspannung heraus arbeiten kann.

Da nun die langen und die queren Bauchmuskeln alternierend zum Zwerchfell auch an der unteren Brustkorböffnung oder am Brustbein und dessen Schwertfortsatz ansetzen, muss bei der Ausatmung die Bauchmuskulatur in ihren unteren Partien zuerst aktiv werden, so dass während des Ausatmungsvorganges die Weite der unteren Brustkorböffnung möglichst lange erhalten bleibt. Diese Weitung im gesamten Brustkorb ermöglicht es, die nötige Einatmungsstellung des Zwerchfells während der Ausatmung zu erhalten und damit den Atem aufs beste zu regulieren. Der geweitete obere Atemkörper hat jedoch nicht nur einen Einfluss auf die Atemregulation. Da der Brustkorb auch Resonatoreneigenschaften hat, insbesondere für die Grundtöne, wirkt sich während der Phonation ein gleichbleibender Resonator günstig für die Tonentwicklung aus. Außerdem wird dadurch der Kehlkopf in seinem Aufhängesystem durch die Muskeln, die an der oberen Brustkorböffnung ziehen und bei Hebung des Brustkorbes angespannt werden, in eine mittlere Tiefstellung gebracht. Diese Stellung ist für eine besonders ausgeglichene Klangbildung im Kehlkopf wichtig.

Die Tonentstehung im Kehlkopf

Wenn ein Ton erzeugt werden soll, so müssen die Stimmlippen aus ihrer Atemstellung in die Phonationsstellung gebracht werden. Das bedeutet, dass die Stellknorpel – wegen ihres besonderen Aussehens auch Gießbeckenknorpel genannt – die Stimmlippen in der Mitte zusammenführen, so dass sie ein Strömungshindernis für den Atem darstellen. Der Atem baut nun unter den geschlossenen Stimmlippen einen Druck auf. Wenn er den kritischen Druck, der durch die Spannung der Stimmlippen bestimmt wird, übersteigt, drängt er den muskulären Anteil der Stimmlippen auseinander. So entsteht die Stimmritze, durch die der Atem unter starker Beschleunigung hindurchgepresst wird. Hierbei entsteht ein Unterdruck. Oberhalb der Stimmlippen kann sich der

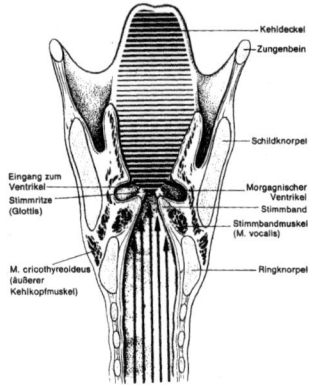

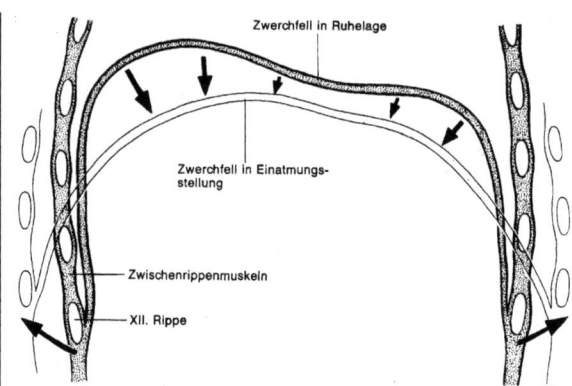

Schnitt durch den menschlichen Kehlkopf, schematisiert mit Blickrichtung von hinten. Die vertikalen Pfeile bezeichnen die Strömungsrichtung der Luftpartikel in der Luftröhre unterhalb der Stimmlippen, die horizontalen Linien die Schwingung der Luftpartikel oberhalb der Stimmlippen; nach Benninghoff und Goerttler, verändert nach Barth. (Aus: Günther Habermann)	Funktionsschaubild des Zwerchfells. Die gepunktete Zeichnung zeigt das Zwerchfell bei maximaler Ausatmung. Die einfache Zeichnung darunter zeigt das Zwerchfell in Einatmungsstellung mit optimal erweiterter unterer Thoraxapertur (Brustkorböffnung), wodurch eine größtmögliche Vorspannung des Zwerchfells erreicht wird; nach von Lanz und Wachsmuth. (Aus: Günther Habermann)

Luftstrom plötzlich entspannen. Der Unterdruck und die Elastizität der Stimmlippen lässt die Stimmlippen wieder zusammenschlagen. Diese muskuläre Bewegung wiederholt sich periodisch in der Frequenz des Grundtones.

Das bedeutet, dass die Stimmlippen in dieser Art ihre Töne zwischen 70 und 1 035 Hz, also von d bis c''' bilden. Oberhalb des c''' bringen die Soprane die Töne nicht mehr durch eine periodische Bewegung der Stimmlippen hervor, die immer den Stimmlippenschluss benötigen, sondern produzieren sie durch Verwirbelung der Atemluft in der engen, immer offenstehenden Stimmritze, wobei Pfeifgeräusche entstehen. Deshalb nennt man auch die Stimme in dieser Tonhöhe Pfeifstimme. Die Bewegungen der Stimmlippen sind bei der Phonation von so hoher Geschwindigkeit, dass sie mit dem durch den Gesanglehrer García entdeckten Kehlkopfspiegel und normalem Dauerlicht nicht zu beobachten sind. Um eine echte Funktionsuntersuchung der Stimmlippen durchzuführen, muss der Kehlkopf mit einer besonderen Technik, die wir Stroboskopie nennen, untersucht werden.

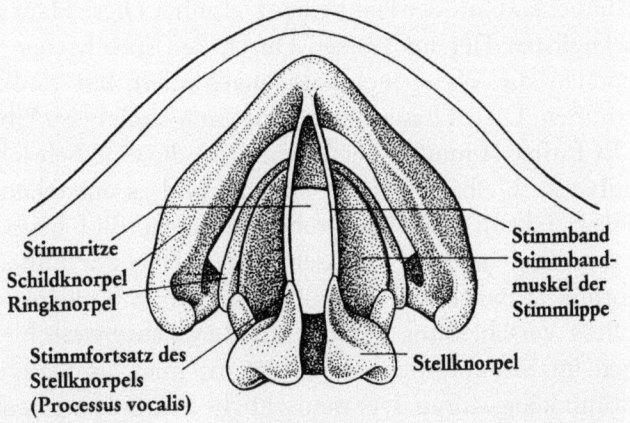

Schema der anatomischen Strukturen des Kehlkopfes mit zum Teil ausgeschältem Stimmlippenmuskel; nach Sundberg. (Aus: Günther Habermann)

Stimmritze
Schildknorpel
Ringknorpel

Stimmfortsatz des Stellknorpels (Processus vocalis)

Stimmband
Stimmbandmuskel der Stimmlippe

Stellknorpel

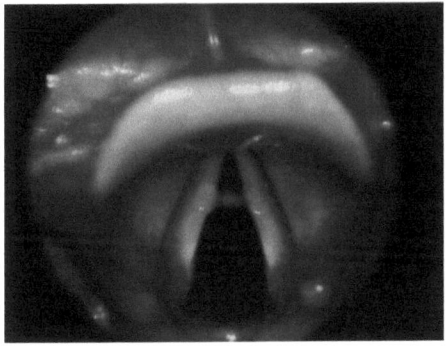

Fotografie des Kehlkopfes in Einatmungsstellung. Die Stimmlippen sind im Bereich des hinteren Anteils maximal geöffnet, in der vorderen Kommissur lässt sich eine kleine Schleimbrücke erkennen.

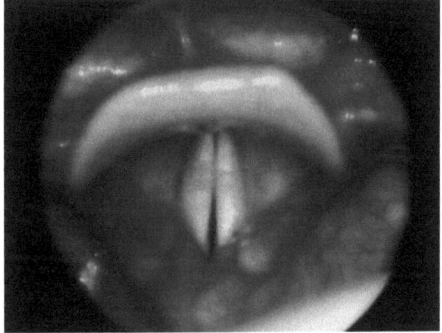

Der Kehlkopf in Phonationsstellung. Die Stellknorpel haben die Stimmlippen in der hinteren Kommissur zusammengeschoben, der Schleim liegt den Stimmlippen in der Mitte auf.

Hierbei werden die Stimmlippen mit einem Blitzlicht beleuchtet, so dass der Beobachter die Phonationsbewegung der Stimmlippen im Zeitlupenablauf beurteilen kann.

Die Stimmlippen, die mit ihren Muskelfasern zwischen dem Schildknorpelinnern und den Stellknorpeln gespannt sind, sind von einem widerstandsfähigen Material, einer besonders mechanisch belastbaren Schleimhaut – dem Stimmlippenepithel – überzogen. Außerdem sind an der Stelle der größten mechanischen Belastung als Verstärkungszug in sich dehnbare Bindegewebsfasern zu einem Zug zusammengefasst, den wir Stimmband nennen. Eine vergleichende feingewebliche Untersuchung des Stimmlippenepithels zeigt

Ähnlichkeit mit der Haut eines Delphins. Diese Haut macht den Delphin zum schnellsten Tier im Wasser. Durch den spezifischen Aufbau der Außenhaut können die Wassermoleküle ungehindert fast direkt bis zur Delphinhaut strömen. Dieses Bauprinzip findet sich auch beim Überzug der Stimmlippen. Die Luftströmung in der Stimmritze, die eine beträchtliche Geschwindigkeit aufweist, bleibt so immer laminar, und es entstehen keine Verwirbelungen. Hierbei kann man im stroboskopischen Bild beobachten, wie sich dieses Stimmlippenepithel von der vorderen bis zur hinteren Kommissur kantenförmig aufwirft und sich über die Stimmlippenmuskulatur hinwegbewegt. Diese Verschiebung nennen wir Randkantenverschiebung. Luftverwirbelungen im Stimmlippenbereich nimmt man als Pfeifgeräusche wahr, die den Stimmklang stören. Der menschliche Stimmklang baut sich aus einem Grundton und aus harmonischen Obertönen auf, wobei der Grundton immer mit der Schwingungszahl der Stimmlippen übereinstimmt. Die Entstehung der Obertöne ist zum Teil mit den dem Stimmlippenepithel eigenen typischen Bewegungsphänomenen der Randkantenverschiebung, aber auch mit der Dauer des Stimmlippenschlusses in der Einzelschwingung verbunden. Störende Nebengeräusche des Stimmklangs (Heiserkeit) treten immer dann auf, wenn die Stimmlippen in der Schlussphase einen Spalt offenlassen, durch den Luft mit pfeifendem Beigeräusch gepresst wird.

Die Auswirkungen verschiedener Tonhöhen auf die Form des Stimmorgans

Die Stimmlippen müssen, wenn sie tiefe Töne abstrahlen sollen, möglichst entspannt sein, damit die größtmögliche Masse in Schwingung gebracht wird. Bei der stroboskopischen Beobachtung zeigen sie sich dabei kurz und breit. Man hat den Eindruck, dass die Stimmlippen in ihrer gesamten muskulären Länge und in ihrer gesamten muskulären Breite die Schwingungen mitvollziehen. Bei diesem Schwingungsbild sieht man auch die Randkantenverschiebungen am stärksten hervortreten. Da die Stimmlippen in dieser Tonhöhe in ihrer vollen Länge und Breite schwingen, nennt man diese Stimmfunktion Vollstimme. Die Vollstimmfunktion ist im unteren Drittel des menschlichen Stimmumfanges angesiedelt, und in ihrem Bereich befindet sich die Indifferenzlage. Damit bezeichnet man die Tonhöhe, bei der das menschliche Stimmorgan seine Eigenfrequenz hat, das heißt, wo mit dem geringsten Energieaufwand ein Maximum an Klangabstrahlung erreicht wird. Mit zunehmender Tonhöhe werden die Stimmlippen stärker angespannt – sie werden verlängert. Die erhöhte Spannung wird durch die dem Schildknorpel zugewandten Muskelpartien und den Zug der Stellknorpel aufgebaut, so dass nur noch die zur Stimmritze hin liegenden Muskelpartien an der Tonentstehung teilhaben. Da dies die mittleren Muskelpartien sind, nennt man diese Stimmfunktion Mittelstimme.

Wenn Töne im obersten Bereich des Stimmumfanges produziert werden, wird die gesamte Stimmlippenmuskulatur zu Haltezwecken umfunktioniert. Die Phonationsschwingungen werden dann nur noch durch das Stimmlippenepithel und dessen Randkantenverschiebungen ausgeführt, so dass ich diese Stimmfunktion Randstimme nenne. Bei der Funktionsuntersuchung und bei leiser Phonation kann man in diesem Tonhöhenbereich die isolierte Randstimme beobachten.

Die Schwingungen des Stimmlippenepithels sind jedoch als der Amplitudenbewegung überlagertes Bewegungsphänomen immer nachweisbar. Die Randstimme ist also in allen Tonhöhen bei der Tonentstehung vorhanden und das verbindende Element aller Töne verschiedener Tonhöhen.

Ein ausgeglichenes Einregister einer gut ausgebildeten Gesangstimme kann somit zum Teil physikalisch nachgewiesen werden.

Beobachtet man bei einer Gesangstimme verminderte oder aufgehobene Randkantenverschiebungen in den hohen Stimmfunktionsbereichen, so äußert sich dies klanglich in einer Schärfe und Härte der Höhe. Fehlen die Randkantenverschiebungen in den unteren Stimmfunktionen, so äußert sich dies in einem plärrenden, rohen Klang.

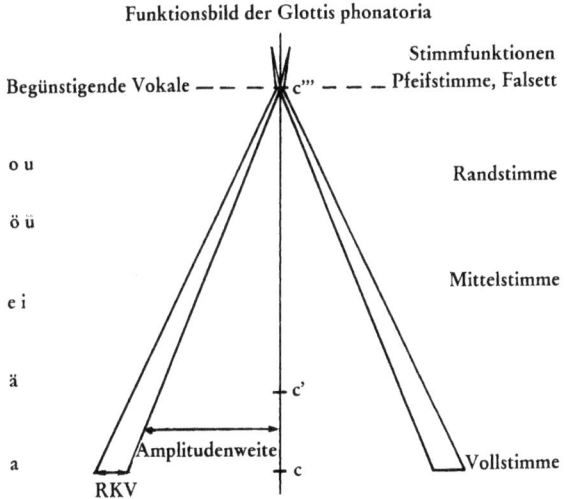

Funktionsbild der Glottis phonatoria

Dieses Schema zeigt die Veränderung der Phonationsbewegungen der Stimmlippen in verschiedenen Tonhöhenbereichen. Oberhalb der gestrichelten Linie, hier ist für den Sopran das c''' angegeben, wird der Ton in der Pfeifstimme wie im Falsett – eine Oktave tiefer beim Mann – durch Luftverwirbelung im offenbleibenden Glottisspalt gebildet.

Oberhalb dieser Stimmfunktionen, die zur Tonproduktion ein periodisches vollständiges Schließen der Stimmlippen voraussetzen, werden Töne durch Verwirbelung der Luft in dem dauernd offenstehenden Glottisspalt gebildet. Bei den Frauenstimmen nennen wir diese Stimmfunktion, angelehnt an die Tonentstehung, Pfeifstimme. Sie setzt beim Sopran oberhalb des c''' ein. Die Pfeifstimme schließt sich dem Einregister nahtlos an und wird deshalb beim Sopran häufig künstlerisch mit eingesetzt. Bei den Männerstimmen entspricht dem Pfeifregister der Frauenstimme das Falsett. Diese Stimmfunktion kann von Bass- und Baritonstimmen besonders leicht produziert werden.

Überstreicht die Stimme beim Singen den gesamten Tonbereich, so stellen sich auf bestimmten Höhen Schwierigkeiten ein, den Ton im Klang unverändert zu halten. An diesen Stellen treten kritische Muskelmassenkonfigurationen auf. Erfahrungsgemäß findet man bei Sopranen und Tenören diese Problemstelle zwischen e'' und g'', beim Tenor entsprechend zwischen e' und g'. In dieser Tonhöhe muss bei den hohen Stimmen die größere schwingende Muskelmasse im Bereich der Mittelstimmfunktion auf die deutlich geringere schwingende Masse im Bereich der Randstimmfunktion reduziert werden. Da die tiefen Stimmgattungen Alt und Bass in ihrem Stimmumfang weit in den Vollstimmbereich hineingehen, ergibt sich auch bei diesen Stimmen im unteren Bereich des Stimmumfanges eine kritische Umstellphase.

Nicht nur die verschiedenen Tonhöhen, sondern auch die Lautstärke hat einen deutlichen Einfluss auf die Phonationsbewegung der Stimmlippen. Bei Pianotönen ergeben sich ungeachtet der Tonhöhe sehr geringe Stimmlippenschwingungsweiten. Wird nun ein Klang im Crescendo verstärkt, so nehmen die Schwingungsweiten proportional zur Lautstärke zu, ebenso verstärken sich die Verschiebungen des Stimmlippenepithels – die Randkantenverschiebungen.

Dieses Phänomen tritt in allen Tonhöhenbereichen auf, so dass das gekonnte Crescendieren und Decrescendieren eine nahezu akrobatische Beherrschung der Stimmlippenmuskulatur voraussetzt. Mit der Messa di voce versuchten die alten Italiener die Gesangstimme für die mannigfaltigen Anforderungen, die die Musikweite an das Funktionieren der Stimmlippen stellten, zu trainieren. Betrachten wir die muskulären Spannungen, auf denen die Stimmfunktionsbereiche aufgebaut sind, so zeigt sich die höchste muskuläre Spannung bei der Randstimme. Gegen die Vollstimme hin nimmt sie kontinuierlich ab. Das bedeutet, dass sich mit sinkender Tonhöhe die muskuläre Spannung der Stimmlippen vermindert. Bei einem Vergleich der Stimmfunktionen dürfen wir aber nicht vergessen, dass die Randstimme in jedem der drei Stimmfunktionsbereiche angesiedelt ist.

Die Stimmgattungen aufgrund der anatomischen Anlage des Stimmorgans

Im allgemeinen zeigen die Stimmlippen von hohen Stimmen, also von Sopranen und Tenören, kurze Stimmorgane, breite muskuläre, wenn man sie im Bereich der Indifferenzlage betrachtet, das heißt im unteren Drittel des Stimmumfangs.

Diese Form des Stimmorgans kann hohe Spannungen aufbauen und somit hohe Töne erreichen.

Die tiefen Stimmen hingegen zeigen im Bereich der Indifferenzlage lange, relativ schmale Stimmlippenmuskeln.

Durch diesen anatomischen Aufbau gelingt es diesen Stimmlippen leicht, in ihrer vollen muskulären Länge und Breite zu schwingen, das heißt im Bereich der Vollstimme.

Überstreicht solch ein tiefes Stimmorgan seinen gesamten Stimmumfang, so kommt es zwischen Voll- und Mittelstimme zu einer kritischen Muskelkonfiguration, die dem Sänger als der untere Übergang bekannt ist. Außerdem kommt es in der Höhe, bei dem Übergang von der Mittel- in die Randstimme, zu einer weiteren Problemkonfiguration, die man den oberen Übergang nennt. Hohe Stimmen haben, da sie musikalisch nur ganz selten im reinen Vollstimmbereich tätig werden, nur den oberen Übergang.

Der Klang der Stimme

Der Aufbau des menschlichen Stimmklanges besteht aus Grundton und Obertönen. In der gesprochenen Sprache werden Vokale durch festliegende Obertonbereiche charakterisiert, die von der Höhe des Grundtones unabhängig sind.

Diese spezifischen Obertonbereiche der Vokale nennt man Formanten.

An den Stimmlippen wird ein Urton abgestrahlt, der den Grundton und die harmonischen Obertöne beinhalten. Dieser Klang wird durch das Ansatzrohr, also durch alle oberhalb der Stimmlippen liegenden Räume, die der Klang durchlaufen muss, zum fertigen Vokalklang gefiltert, der aus Grundton und Formanten besteht. Dies zeigt, wie eng das Zusammenspiel zwischen Stimmlippen und Ansatzrohr ist. Da die Formantbereiche unabhängig vom Grundton organisch fixiert und daher konstant liegen, wird das typische Timbre einer Stimme physikalisch erklärbar. Bei helltimbrierten Stimmen liegen die einzelnen Formanten, da das Ansatzrohr kurz ist, im oberen Teil, bei

Erster Formant
¼ Wellenlänge
500 Hz

Darstellung der Ab-
hängigkeit der Formant-
bildung durch die
anatomische Länge des
Ansatzrohres. Im Bereich
der Stimmlippen befin-
det sich der Schwin-
gungsbauch, im Bereich
der Zähne der erste
Schwingungsknoten, so
dass die Länge einem
Viertel der Gesamt-
wellenlänge entspricht;
nach Sundberg.

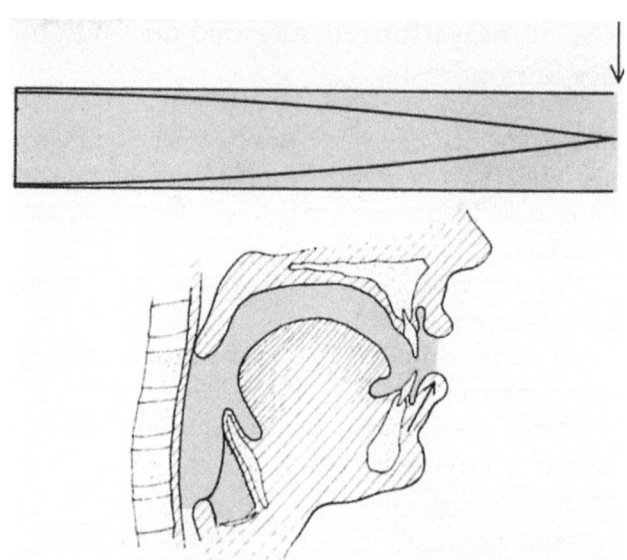

dunkeltimbrierten Stimmen im unteren Teil des Formantbereiches. Der tiefste
Formant, der in einem Ansatzrohr gebildet werden kann, wird durch die Distanz zwischen Stimmlippen und Zahnreihen bzw. Lippen bestimmt. Aufgrund
der Lage des tiefsten Formanten besitzt jeder Mensch ein ihm eigenes, unver-
wechselbares Timbre. Diese Distanz zwischen Stimmlippen und Zahnreihen
bzw. Lippen entspricht einem Viertel der Wellenlänge des tiefsten Formanten,
sie lässt sich jedoch durch ganz bestimmte Einstellungsmechanismen verän-
dern. So kann zum Beispiel durch eine mittlere Tiefstellung des Kehlkopfes
oder durch das Schürzen der Lippen diese Länge vergrößert werden. Da der
Grundton nicht mit dem Formantbereich gekoppelt ist, kann es einer Sopranistin bei einer Arie passieren, dass sie mit dem Grundton in den Haupt-
formantbereich des Vokals a hineingerät. Im Bereich von e'', ff'' beginnt der
Hauptformant des Vokales a (siehe Abb. S. 75 rechts oben). Wollen Soprane in
der Höhe ihre Stimme besonders klangvoll gestalten, können sie absichtlich in
eine a-Einstellung übergehen. Die Einstellung des Ansatzrohres ist dabei
immer so, als ob der Vokal a gesungen würde, auch wenn es sich um einen
anderen Vokal handelt, damit der Grundton nicht durch eine falsche Filterung
gemindert und der Klang verkleinert wird.

Wandert der Grundton über einen Formantbereich hinaus, so muss das
Ansatzrohr so verändert werden, dass der dem Grundton nächstliegende Formantbereich gehoben und das Ansatzrohr verkürzt wird. Das erreichen viele

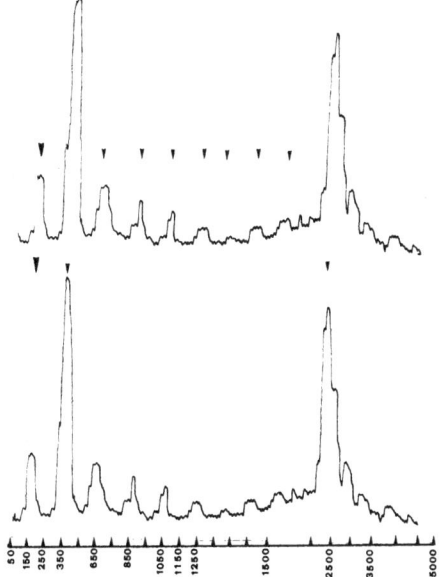

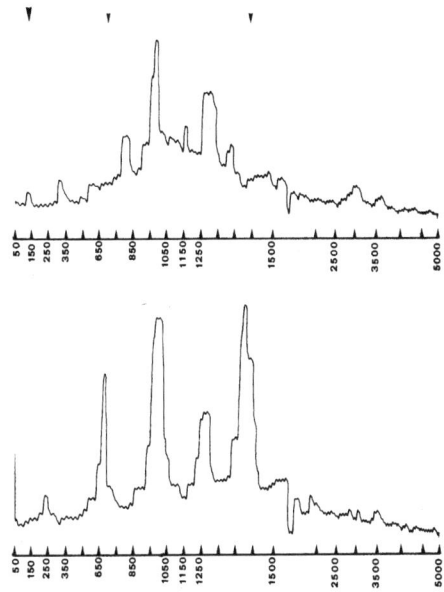

Frequenzspektrogramm des Vokales i. Im oberen Bild sind der Grundton mit kräftigem Pfeil, die harmonischen Obertöne mit kleinen Pfeilen gekennzeichnet. Im unteren Bild ist der Grundton mit einem dicken Pfeil und der erste und der zweite Formant des Vokales i mit einem kleinen Pfeil bezeichnet.	oben: Frequenzspektrogramm des Vokals a. Der Grundton ist mit einem dicken Pfeil angezeigt. Zwischen den dünneren Pfeilen liegt der Hauptformant des Vokals a. unten: Frequenzspektrogramm des von einer Frauenstimme gesprochenen Vokals a. Im Bereich von 2 500 bis 3 500 Hz ist keine verstärkte Klangintensität zu sehen.

Soprane dadurch, dass sie in der Höhe den Mund öffnen und so die Distanz zwischen Zahnreihe und Stimmlippen verkürzen. Bei all diesen Veränderungen vermag der Zuhörer die sprachliche Bedeutung des Textes noch genau zu verstehen, da die Vokale durch ihre zweiten und dritten Formanten differenzierbar sind.

Bei der klanganalytischen Untersuchung von tragfähigen, große Räume füllenden Sängerstimmen zeigt sich immer wieder, dass bei allen Vokalen der Obertonbereich zwischen 2 500 und 3 500 Hz besonders energiereich ist.

Die Vokalbildung hat aber nicht nur eine Auswirkung auf die Formung des Ansatzrohres. Aus Erfahrung wissen wir, dass durch ganz bestimmte Vokale die Stimmfunktionen verbessert werden.

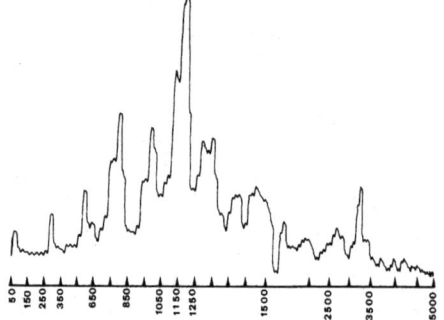

Frequenzspektrogramm eines von einer Männerstimme gesungenen Vokals a mit einer deutlichen Intensitätssteigerung im 3000-Hz-Bereich, dem sogenannten Sängerformanten

Den verschiedenen Stimmfunktionen lassen sich Vokale zuordnen, die sich auf die Ausbildung der jeweiligen Stimmfunktion günstig auswirken.

Auf dem Funktionsbild der Glottis phonatoria (siehe S. 71) ist auf der linken Seite der Vokal a der Vollstimmfunktion, die Vokale e und i sind der Mittelstimmfunktion und die Vokale o und u der Randstimmfunktion zugeordnet.

Mit den Umlauten kann man Funktionsmechanismen benachbarter Stimmfunktionen miteinander verbinden. So liegt zwischen Voll- und Mittelstimmfunktion ä und zwischen Mittel- und Randstimmfunktion ö und ü.

Schädigende und fördernde Einflüsse auf die Stimme

Die menschliche Stimme ist das einzige Musikinstrument, das wie sein Träger dauernd in Aktion bleibt, ob es nun zum Singen benutzt wird oder nicht. Von der anatomischen Lage her befindet sich das Stimmorgan, das im menschlichen Kehlkopf liegt, im Bereich der oberen Luftwege. Dadurch kann der Kehlkopf in ganz besonderer Weise durch die Atmung beeinflusst oder auch geschädigt werden. Um die oberen Luftwege weitgehend zu schonen, sind Filterorgane vorgeschaltet. Diese Aufgabe übernimmt insbesondere die Nase mit ihren weiten Schleimhautbuchten. Hier wird die Atemluft von ihren Schadstoffpartikeln, die sich auf der Nasenschleimhaut niedergeschlagen haben, gereinigt, und diese werden durch den dort produzierten Schleim ausgeschneuzt. Außerdem feuchtet die Nase die Atemluft an und sättigt sie bis zu 85 Prozent mit Wasserdampf, so dass die nachgeschalteten Schleimhautregionen des Rachens, des Kehlkopfes, der Luftröhre und der Lunge nicht austrocknen. Bei dieser Sättigung mit Wasserdampf wird die Einatmungsluft auch auf die Körpertemperatur angewärmt, so dass die nachgeschalteten Schleimhautbezirke nur mit auf Körpertemperatur erwärmter Atemluft in Kontakt kommen. Jede Veränderung dieser natürlichen Mechanismen kann daher zu einer Schleimhautschädigung im Bereich der oberen Luftwege und damit zu einer Schädigung der Stimme führen. Ganz besonders möchte ich hier auf die schädigende Wirkung des Rauchens hinweisen. Aus meiner Praxis als hauptsächlich laryngologisch tätiger Phoniater kann ich bestätigen, dass das Stimmorgan des Rauchers, ohne dass er sich krank fühlte oder eine stimmliche Veränderung bemerkte, dauernd in einem chronischen Reizzustand gehalten wird und dadurch empfindlicher gegenüber Erkältungskrankheiten und Infektionen ist.

Auch abgasgeschwängerte Luft, Dämpfe und Staub können das Stimmorgan schädigen.

Nun ist aber dieses Organ nicht nur von außen beeinflussbar, sondern genauso von innen. Durch die Lage des Stimmorgans, das räumlich gesehen unterhalb des Mund- und Nasenrachens liegt, ist eine Beeinflussung durch entzündliche Prozesse im Nasen- und im Mundbereich immer wieder nachweisbar. Hierbei möchte ich an erster Stelle auf die Nasennebenhöhlenentzündung hinweisen, die meistens mit Schnupfen und zum Teil mit Druckgefühl und Kopfschmerz einhergeht. Eitriges Sekret, das sich aus den Nasennebenhöhlen ergießt, fließt den Rachen hinab und führt zu einer chronischen Reizung im Bereich der Rachen- und Kehlkopfschleimhäute; ähnlich verhält es sich bei einer Mandelentzündung.

Veränderungen im Bereich des Nasenrachens, wie sie hyperplastische Rachenmandeln – im Volksmund Polypen genannt – darstellen, führen dazu, dass die Nasenluftpassage anhaltend behindert wird, so dass die Atemluft nicht mehr vollständig angewärmt und mit Wasserdampf gesättigt werden kann.

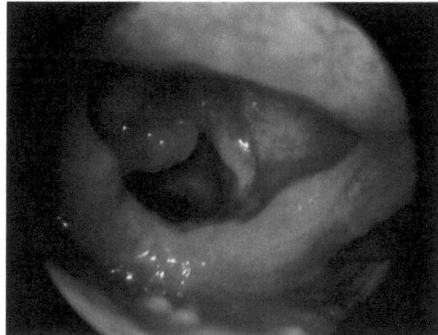 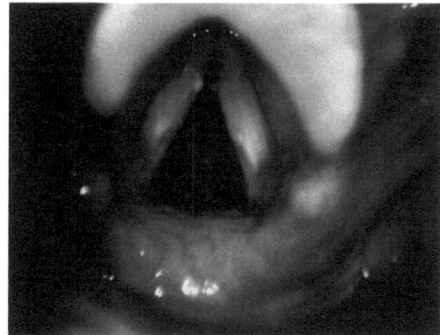

Entzündliche Stimmlippenveränderungen durch chronische Reizung, z. B. durch Rauchen; sogenanntes Reinke-Ödem

Symmetrische Stimmlippenveränderung durch chronische Überlastung; sogenannte Schreiknötchen

Außerdem gelangt die Atemluft ohne die Filterwirkung der Nasenschleimhäute in den Bereich der Rachen- und Kehlkopfschleimhäute und führt wiederum zu einer chronischen Reizung. Neben diesen eher vordergründigen Reizungen der Stimmlippenschleimhäute kann eine Reizung des Stimmorgans und der Stimme durch eine allgemeine Schwächung des Körpers hervorgerufen werden. Das Stimmorgan reagiert auf Abgespanntheit des Körpers seinerseits mit Ermüdung und Erschlaffung, was sich stimmlich als Unfähigkeit zum Hochsingen sowie als leichte Stimmermüdung mit Kratzen und Beigeräuschen bemerkbar macht.

Auch seelische Belastungen können sich auf die Stimme auswirken, wie die Redewendung »es hat mir die Stimme verschlagen« beweist. Wichtig ist, dass man seine Stimme nicht belastet, wenn sie nicht voll einsatzfähig ist. Durch eine Überbelastung der Stimme in einem akuten Reizzustand kann es zu manchmal irreparablen oder nur durch eine Operation behebbaren Veränderungen am Stimmorgan kommen, so dass man auf alle Fälle bei Indisposition eine Stimmschonung empfehlen sollte. Wird eine Stimme von einer Heiserkeit ergriffen, die mehr als drei Tage anhält, so sollte der Sänger einen Arzt aufsuchen. Ist die Stimme länger als drei Wochen heiser und nicht einsatzfähig, sollte ein Facharzt aufgesucht werden, der eine Funktionsuntersuchung des Stimmorgans durchführt.

Die bisher aufgeführten Beeinflussungen des Stimmorgans durch Umwelt- oder Eigenkörperreize liegen alle eigentlich nicht in der Möglichkeit der Beeinflussung von uns selbst. Trotzdem können wir die Stimme gut oder schlecht beeinflussen. Das menschliche Stimmorgan ist ein muskuläres Organ, das einem Trainingseffekt unterliegt. Durch richtiges Benutzen der Stimme kann das Stimmorgan an Größe und Kraft zunehmen, wohingegen bei falscher Benutzung es mit starken funktionellen Störungen reagieren kann, die mit Heiserkeit und völliger Singunfähigkeit einhergehen. Ein nicht trainiertes Stimmorgan kann keine Höchstleistungen vollbringen, und Singen ist für das Stimmorgan immer eine Höchstleistung. Ein nicht trainierter Atemkörper kann ebensowenig zu stimmlichen Höchstleistungen herangezogen werden. Vor stimmlichen Belastungen, wie sie eine Gesangstunde oder ein Konzert darstellen, muss daher unbedingt ein Training der Atmung und der Stimmfunktionen durch ein sinnvolles Einsingen vorgenommen werden. Es sind spezielle Übungen nötig, die die verschiedenen Funktionen der Stimme lockern. Nur so wird man vermeiden können, dass die Stimme bei der sehr großen Belastung einer Gesangstunde oder eines Konzertes Schaden leidet.

Betrachtungen zur Gesangausbildung

Die Gesangerziehung zur Zeit des Belcanto

Welche Zeitspanne der Begriff des Belcanto, des Schönsingens, genau umfasst, ist bis heute strittig. Eindeutig kam zur Zeit Caccinis der Begriff des Buon canto auf. Unverkennbar nahm auch mit Beginn des 17. Jahrhunderts die Entwicklung und theoretische Erörterung der Gesangtechnik an Bedeutung zu wie nie zuvor. Ohne Zweifel waren neben Zacconi, Cavalieri, Gagliano, Carissimi, Donati, Bovicelli, Herbst unter anderen Caccini, Tosi, Mancini die wichtigsten Gesangtheoretiker des Belcanto. Auch gab es im 18. Jahrhundert zweimal eine Goldene Ära des Gesangs: 1720–1740 die Zeit der Kastraten Farinelli, Caffarelli, Senesino, Bernacchi, Carestini und der Primadonnen Francesca Cuzzoni und Faustina Bordoni, 1770–1790 die Zeit der Kastraten Guadagni, Pacchierotti, Marchesi, Crescentini und der Sängerinnen Mara – der ersten deutschen Primadonna –, Todi, Agujari, Banti, Catalani. Vermutlich kam der Begriff des Belcanto als nostalgischer Rückblick auf verlorene Glanzzeiten erst im 19. Jahrhundert auf, als im Gesang vielfach die Kunst der Kraft wich, als Sänger wie der Tenor Duprez mit Bruststimme gewaltsam ihre hohen Töne eroberten und mit der dunkel gefärbten Voix sombrée die Stimme künstlich vergrößerten, um den neuen Kompositionen und ihren Forderungen nach leidenschaftlichem Ausdruck gerecht zu werden. Dass dies auf Kosten der gesunden Gesangtechnik ging, beweist ein Ausspruch Hector Berlioz' über den 32jährigen Duprez, den ersten Interpreten seines *Benvenuto Cellini*, 1838:

> *Duprez war sehr gut in allen leidenschaftlichen Szenen, aber seine Stimme war schon nicht mehr biegsam genug für weiche Linien, langausgehaltene Noten, für ruhige, verträumte Musik. So konnte er zum Beispiel in der Arie »Sur les monts les plus sauvages« das hohe g am Ende der Phrase »Je chanterais gaiment« nicht drei Takte lang aushalten wie vorgeschrieben, sondern riss den Ton sofort ab und zerstörte so die Wirkung.*

Obwohl die Glanzzeiten großer Sängerpersönlichkeiten im 18. Jahrhundert liegen und auch Tosi und Mancini ihre Theorien zu jener Zeit schrieben, werden mit dem Begriff des Belcanto in erster Linie die Ideale des 17. Jahrhunderts umschrieben, denen Tosi zum Teil bereits nachtrauerte. Die Kunst des Schönsingens wurde nicht im Sinne eines starren Klangideals verstanden,

Abbildung links:
Der Künstlerparnass bedeutender Sänger des 18. Jahrhunderts, nach Antonio Fedi, gestochen von Francesco Rainoldi und Pietro Bettelini, um 1790
Von links nach rechts:
1. Reihe: Bernacchi, La Tesi, Farinelli, La Bulgari, Pistocchi
2. Reihe: Ferri, Caffarelli/Bordoni/Egiziello/Amorevoli, Guarducci/Carestini
3. Reihe: La Taiber, Carlani/Elisi/Tibaldi/Matteucci, Aprile/Manzuoli, Guadagni/Raaff, Millico
4. Reihe: Maffoli, La Gabrielli, Mombelli, Babri/La Pilata/Caselli, Tenducci, La Bastardina
5. Reihe: Pacchierotti, Mazzanti/Ansani/Damiani, Babini
6. Reihe: Marchesi, La Billington/La Catalani, La Morichelli, La Todi, Martini/Crescentini, La Banti
7. Reihe: de Amicis, La Silva/La Grassini, David/La Bertinotti, La Mara

---

sondern als uneingeschränkte Entfaltung aller stimmlichen Möglichkeiten. Durch die wohlkoordinierte Funktion sämtlicher Stimmorgane wurde eine geschmeidige Führung der Stimme angestrebt, die in Piano und Forte, in Höhe und Tiefe, in getragenem Legato und schnellen Passagen ihre ureigene Klangfarbe, Beweglichkeit und Resonanz entwickeln sollte. Wie sehr dies die Belcanto-Ideale waren, ergibt sich aus einem Bericht von Bontempi über den Sänger Baldassare Ferri (1610–1680):

> *Wer diesen Sänger nicht gehört hat, kann sich keine Vorstellung machen von der Leuchtkraft seiner Stimme, von seiner Geläufigkeit, von seiner wunderbaren Leichtigkeit in den schwierigsten Passagen, von der präzisen Intonation, dem Glanz seiner Triller, seinem unerschöpflichen Atem. Oft hörte man ihn schnelle und schwierige Passagen mit allen Schattierungen von Crescendos und Diminuendos ausführen. Dann, wenn man erwartete, dass er ermüden würde, brach er aus in einen endlosen Triller, auf dem er die chromatische Tonleiter über zwei Oktaven hinauf- und hinunterglitt, als ob dies alles nur ein Spiel für ihn wäre.*

Sämtliche Belcanto-Ideale sind hier bereits genannt: die Leuchtkraft der Stimme, die Geläufigkeit, der große Stimmumfang, die Fähigkeit zu crescendieren und zu diminuieren, der leichte, glänzende Triller, die Reinheit der Intonation, der langausreichende Atem.

Niemals aber wurden Schönsingen und technische Bravour als Endziel angestrebt, sondern sie wurden als Mittel angesehen, um jene Ausdruckskraft zu erlangen, die nach Tosi *die Seele des Gesanges ist und ohne die es nicht möglich ist, gut zu singen.*

Wie aber wurden die Sänger erzogen, um diese Fähigkeiten zu erlangen? In den meisten Fällen wurden die angehenden Sänger in den sogenannten Konservatorien ausgebildet, wo sie, meist als Waisen oder Kinder armer Eltern, schon im Alter von elf bis zwölf Jahren aufgenommen wurden. Neben bekannten Schulen in Modena, Padua, Piacenza, Venedig, Turin und Mailand waren die berühmtesten Ausbildungsstätten im 17. Jahrhundert in Rom, wo Domenico Mazzocchi, der Lehrer von Bontempi, unterrichtete, in Neapel, wo Porpora und Durante wirkten, und in Bologna, wo Pistocchi und Bernacchi die Schule begründeten, aus der unter anderen Mancini hervorging. Abgesehen davon, dass in Norditalien ein helles Stimmtimbre, im Süden dagegen ein dunklerer Stimmklang bevorzugt wurde, pflegten alle Schulen weitgehend dieselbe technische und musikalische Grundausbildung, die meistens sechs bis neun Jahre dauerte. Die musikalische Erziehung, auch das Erlernen eines Instruments, begann gleichzeitig mit der gesangtechnischen Schulung. Die Knaben lernten das Lesen von Noten, Schlüsseln, Pausen und das Solmisationssystem. Bei der Gesangausbildung gingen die alten Lehrer von den natürlichen Tönen der Mittellage aus, die bei der ungebildeten Stimme meist nicht mehr als sechs Töne umfasst, und ließen zunächst nur in diesem Hexachord üben. Als wichtigstes Grundgesetz stand für Caccini, Durante und Tosi am Anfang der Ausbildung die Reinheit der Intonation: *che nulla non manchi sotto o cresca di vantaggio*, »dass nie ein Ton zu tief oder zu hoch angesetzt werde«. Auf den Solmisationssilben wurden in der Mittellage zunächst Ganz- und Halbtonschritte geübt, wobei auf die Halbtonbildung – Semitonus maius und Semitonus minus – größtes Gewicht gelegt wurde. Nach den einzelnen Tonschritten folgten Terz- und Quartintervalle, die ebenfalls aufs reinste intoniert und ausgehalten werden mussten. Alle Übungen wurden ohne Begleitung eines Instruments gesungen, so dass die geringste Intonationsschwankung bemerkt wurde. War die Stimme darin gefestigt, so durften die ersten Diminutiones und Accenti, kurze Notengruppen, die die sechs Töne der Mittellage umspielten, auf den Silben des Solmisationssystems geübt werden. Alle diese Übungen wurden in leichtem Mezzoforte, ohne jede Anstrengung, gesungen.

Erst wenn der Schüler mühelos in Tonschritten, Intervallen und in Gruppen von Tönen die Stimme in der Mittellage klar und rein ansetzen konnte, wurde zunächst mit dem Aushalten, dann mit leichtem Anschwellen der Töne und schließlich mit dem Training der *Messa di voce* begonnen. Caccini bestand schon auf der Bedeutung des Créscere la voce, der Kunst des An- und Abschwellens der Töne, Tosi betrachtete sie als wichtigstes Stimmbildungsmittel überhaupt. Ergänzt wurde die Messa di voce beim fortgeschrittenen Schüler durch die *esclamatio viva* und durch die *esclamatio languida*.

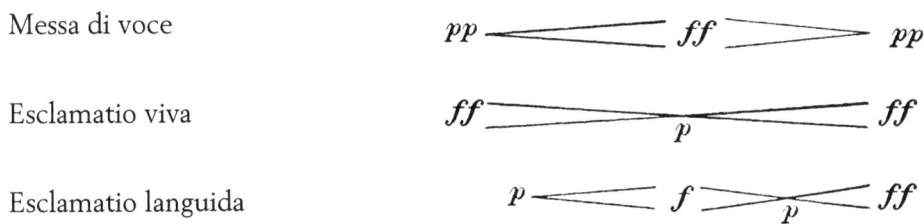

Messa di voce pp —————— ff ——— pp

Esclamatio viva ff ——————— ff — p

Esclamatio languida p ——— f ——— ff — p

Mit diesen Übungen wurde die Stimme sachte gestärkt und fast unbewusst die Kontrolle des Atems trainiert, gleichzeitig aber auch eine sorgfältige Entwicklung und Zusammenführung der Stimmregister erzielt. Ohne über die heutigen wissenschaftlichen Erkenntnisse zu verfügen, bestanden schon Caccini wie Musiktheoretiker aus früheren Jahrhunderten darauf, dass die Stimme aus zwei Registern, der Voce piena e naturale, der natürlichen Stimme (Bruststimme), und der Voce finta, der künstlichen Stimme (Kopfstimme), bestehe. Der unhörbare Übergang zwischen diesen beiden Registern galt bereits im frühen 17. Jahrhundert als wichtigstes Gesetz des Belcanto. So forderte Monteverdi: *La vocale dell petto con quella della gola*, dass »die Stimme der Brust sich mit jener der Kehle vereine«, und beurteilte einen jungen Sänger danach: *La voce e grata assai, ma non fónda troppo*, »die Stimme ist recht hübsch, aber die Übergänge verschmelzen nicht«. Mancini betonte, dass jede Stimme, ob Sopran, Alt, Tenor oder Bass demselben mechanischen Prinzip folge, und forderte einen *unhörbaren Übergang* von einem Register in das nächste. Das höchste Lob, das er dem berühmten Tenor Farinelli zollte, galt der *Ausgeglichenheit seiner Stimme und der vollständigen Einheit seiner Register*. Einige Verwirrung hinsichtlich der Register entstand durch die teilweise Bezeichnung der Kopfstimme als Falsett und durch die Tatsache, dass einige Belcantolehrer die Übergangslage zwischen Brust- und Kopfstimme als drittes Register, oft auch als Mittel- oder Halbfalsett bezeichneten. Der Übergang von der vollen Stimmbandschwingung der Bruststimme zur Randschwingung der Kopfstimme, von den Italienern liebevoll *Ponticello*, kleine Brücke, genannt, umfasst in Wirklichkeit nur drei bis vier Töne. Die beste Bezeichnung dafür fand Mancini, der von der Voce di mezzo, der Mittel- oder der gemischten Stimme, sprach. Der Pflege dieser Übergangslage wurde großes Gewicht beigemessen. Durch die behutsamen Schwelltöne der Messa di voce wurde eine brüske Veränderung in der Anspannung der Stimmlippenmuskulatur vermieden und eine unhörbare Verbindung der Register geschaffen. Tosi warnte besonders davor, den Übergangspunkt zwischen Brust- und Kopfstimme zu verlagern und die Bruststimme zu weit hinaufzuführen: *Aus Mangel an Erfahrung lassen manche Lehrer ihre Schüler Töne mit forcierter Bruststimme aushalten. Das Ergebnis ist, dass sich die Kehle von Tag zu Tag mehr entzündet und, falls nicht die Gesundheit des Schülers leidet, auf jeden Fall die Stimme ruiniert ist.* Mancini riet für die Ausführung der Esclamatio, die *Töne des Brustregisters zurückzuhalten und die anschwellenden Töne mit der Kopfstimme zu singen*, wobei langsam die Tonstärke gesteigert werden sollte.

So sehr galt das konsequente Training der Messa di voce in der Übergangslage der Register als wichtigstes Mittel, die Stimme auszubilden, dass von dem Lehrer Porpora die Geschichte erzählt wird, er habe seinen Schüler Caffarelli sechs Jahre lang solche Übungen singen lassen, indem er sie auf ein Blatt Papier kritzelte, um ihn dann mit den Worten zu entlassen: *Geh nun und singe, du bist jetzt der größte Sänger der Welt.* Zwar wurde Caffarelli wirklich einer der größten Sänger seiner Zeit, doch hat Porpora die Legende stets zornig widerrufen. Dennoch zeigt sie die Bedeutung, die dem konsequenten Training der wichtigsten Grundübung des Belcanto beigemessen wurde.

Wieviel umfassender in Wirklichkeit die Ausbildung der angehenden Gesangvirtuosen gestaltet war, zeigt eine Beschreibung Bontempis von einem Unterrichtstag bei seinem Lehrer Mazzocchi in Rom:

Jeden Tag wurden eine Stunde lang schwierige Stücke gesungen, um Übung darin zu erlangen. Eine Stunde wurde dem Triller gewidmet, eine weitere den Passagen. Eine Stunde lang wurden Noten studiert, eine Stunde lang Vokalisen gesungen im Beisein des Lehrers und vor einem Spiegel, um jede unschöne Bewegung des Körpers, der Stirn, der Augenbrauen oder des Mundes zu bemerken und zu vermeiden. Das alles waren nur die Aufgaben des Vormittags. Am Nachmittag wurde eine halbe Stunde für das Üben der Theorie verwendet, eine halbe Stunde dem Kontrapunkt zum Cantus firmus, eine Stunde den schriftlichen Aufgaben im Kontrapunkt, eine Stunde dem Notenstudium gewidmet. Den Rest des Tages verbrachte man mit dem Üben am Cembalo oder mit der Komposition eines Psalms, einer Motette, eines Liedes oder einer anderen Cantilene nach Art der eigenen Veranlagung. Zu diesen Übungen im Hause kamen die Übungen draußen, wenn die Schüler hinaufgingen zur Porta Angelica beim Monte Mario, um dort zu singen und aus dem Echo ihre Fehler zu beurteilen. Außerdem sangen sie bei fast allen Musikaufführungen in den Kirchen Roms mit und hörten sich alle berühmten Sänger an, die zur Zeit Urbanus' VIII. in der Stadt auftraten. Wenn sie nach Hause kamen, gaben sie dem Lehrer ihr Urteil über das Gehörte ab, und dieser erläuterte ihnen seine eigene Meinung und gab ihnen nützliche Ratschläge.

Falsch wäre es, sich vorzustellen, dass all diese Unterrichtsstunden sich in ordentlichen, schalldicht geschützten Räumen ähnlich denen unserer heutigen Konservatorien und Hochschulen abspielten. Charles Burney berichtete 1770 nach einem Besuch im Conservatorio Sant'Onofro in Neapel entsetzt von den zum Teil chaotischen Zuständen, die die Schüler jedoch nicht von intensivem Lernen abhielten:

> […] *ich besuchte alle Räume, in denen die Buben üben, schlafen und essen. Im ersten Stock blies ein Schüler so laut auf seiner Trompete, dass er zu platzen drohte, im zweiten Stock tobte ein anderer in ähnlicher Weise auf seinem Französisch-Horn. Im allgemeinen Übungsraum spielten gleichzeitig sieben Cembali, mindestens ebenso viele Geigen, dazu sangen mehrere Sänger, alle verschiedene Stücke in verschiedenen Tonarten. Außerdem erledigten einige Knaben im selben Raum ihre Schreibarbeiten. Es war jedoch Ferienzeit, und viele Schüler, die sonst ebenfalls in diesem Raum üben, waren nicht da.*

Ein weiterer Abschnitt der gesanglichen Ausbildung galt der Vokalisation. Hatte der Schüler ausreichend auf den Solmisationssilben gesungen, so wurden nun konsequent die fünf Hauptvokale a, e, i, o, u in ihrer genauen Klangfarbe trainiert. Auf die Reinheit der Vokale wurde allergrößter Wert gelegt. Caccini unterschied zwischen offenen und geschlossenen Vokalen und hielt die offenen für die klangvolleren und zur Ausbildung besser geeigneten.

Zacconi, sein Zeitgenosse, empfahl, jede Phrase auf allen Vokalen zu üben. Generell aber wurde der Vokal a als schwierigster und edelster Vokal angesehen und besonders sorgfältig als Ausgangsvokal in der Mittellage geübt. Lablache, der große Bassist, verlangte von seinen Schülern ein ständiges Training des Vokals a, der seines Erachtens alle Fehler am deutlichsten an den Tag brachte und korrigierte. Konnte das a rein und klar intoniert werden, wurden davon sorgfältig die anderen Vokale abgeleitet. Hatten die Schüler schon früh mit leichten Diminutiones und Accenti einen elastischen Tonansatz und Beweglichkeit in der Mittellage geübt, so wurde nun bei fortgeschrittener Ausbildung und erweitertem Stimmumfang jede Art von Verzierungen einstudiert, insbesondere der Triller (Trillo), eine rasche Wiederholung von Tönen gleicher Höhe, laut Tommaso Aceti *continenti spiritu tremulam edendi vocem* auszuführen, »mit wankender Stimme und beständigem Hauchen«, der Gruppo, eine rascher werdende Wiederholung von Sekunden, und die Rabattuta di gola, ähnlich dem Zimbelo von Cavalieri, eine Wiederholung punktierter Sekunden. Ebenso wurden immer länger und schneller werdende Passagen, Rouladen und Koloraturen trainiert. Bei der Ausführung dieser Passagen legte Bovicelli in seinen *Avvertimenti* Gewicht auf eine gemessene Ausführung und warnte vor hastiger und

Die Primadonna Angelica Catalani (1780–1849), berühmt und verpönt wegen ihrer schier endlosen Variationen und Einlagen. Hier als Semiramis in einer Oper von Marcos Portugal

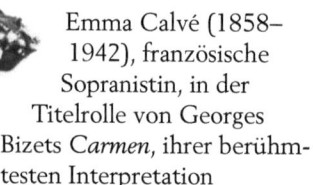

Henriette Sontag (1806–1854), gefeierte Koloratursängerin. Hier in *La fille du régiment* von Gaetano Donizetti

Emma Calvé (1858–1942), französische Sopranistin, in der Titelrolle von Georges Bizets *Carmen*, ihrer berühmtesten Interpretation

Der Kastrat Farinelli (1705–1782) in einer Frauenrolle im Alter von 18 Jahren. Karikatur von Pier Leone Ghezzi

Die italienische
Mezzosopranistin
und »Muse Bellinis«
Giuditta Pasta
(1798–1865)

Der italienische
Kastrat Antonio
Maria Bernacchi
(1685–1756) und die
italienische Altistin
Vittoria Tesi-Tramontini
(1700–1775)

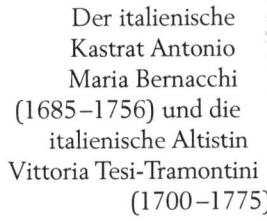

Ärztlich empfohlene Atem-
übungen zur Stärkung der
Stimme. Nach einem Holz-
schnitt aus Geronimo Mercu-
riali, *De arte gymnastica libri*,
2. Auflage, Venedig 1573

Von links nach
rechts: Farinelli,
Maria Bulgari und
Francesco Antonio
Pistocchi, der
Gründer der Bolo-
gneser Gesang-
schule

Die beiden Kastraten
Giovanni Manzuoli
(1720–1780;
links) und Gaetano
Guadagni
(1725–1792), erster
Orpheus in
Christoph Willibald
Glucks gleichnamiger
Oper (rechts)

Der spanische Gesangpädagoge
Manuel García d. J. (1805–1906),
der Erfinder des Kehlkopfspiegels,
im Alter von hundert Jahren.
Ölgemälde von John Singer
Sargent

unklarer Kehlfertigkeit. Die Töne sollten nicht verwischt, sondern deutlich voneinander getrennt, aber *legato*, nicht abgehackt, und streng in Takt und Rhythmus gesungen werden. Über die Ausführung der wiederholten Töne sind wenig Anweisungen überliefert. García, der sie von Herbsts *Musica practica* kannte, verlangte für jeden Ton einen Glottisschlag, Stockhausen, sein Schüler, dagegen ein kurzes h als Anschlag. Mancini und Tosi wiederum schenkten dem Scivolo und dem Strascino, also den heute nicht mehr üblichen glissando- und tremoloartigen Verzierungen, ebenso wie dem Triller und den Intervallsprüngen als Training von Ansatz und Beweglichkeit der Stimme größte Aufmerksamkeit.

Die sichere Beherrschung von Geläufigkeit und Verzierungen war nicht nur ein unfehlbares Mittel, die Stimmmuskulatur gesund durchzutrainieren, sie gehörte auch zum unentbehrlichen Werkzeug des Gesangsolisten, der in den *da capo*-Arien einen unerschöpflichen Reichtum virtuoser Varianten entfalten musste. Tosi forderte, dass der Sänger dabei den richtigen Geschmack und immer neue Phantasie an den Tag lege:

Im ersten Teil sollen nur wenige, einfache, geschmackvolle Ornamente eingeführt werden, so dass die Komposition klar erkennbar bleibt. Im zweiten Teil erwartet man zusätzlich zu der reinen musikalischen Linie einige kunstvolle Ausschmückungen, die den kritischen Hörer erkennen lassen, welche Fähigkeiten der Sänger besitzt. Im dritten Teil muss jeder, der ein Meister sein will, die wiederholte Melodie durch eigene Variationen verbessern. Der Schüler soll sich daher daran gewöhnen, die Wiederholungen immer neu zu variieren, denn meines Erachtens verdient der, der Einfallsreichtum vorzeigen kann, auch wenn er ein bescheidener Sänger ist, mehr Anerkennung als der, der langweilig bleibt.

In den Verzierungen, Koloraturen und Passagen wurde wie in der Messa di voce auf natürliche Weise die Funktion des Atmens geübt und gestärkt, von der die meisten der alten Gesangtheoretiker, mit Ausnahme von Mancini, im übrigen recht wenig sprechen. Caccini und Tosi erwähnen sie kaum, Zacconi fordert als natürliche Voraussetzung für einen Sänger eine gesunde Brust und eine geschmeidige Kehle, Donati achtet darauf, dass, *was zusammengehört, in einem Atem* gesungen wird, und empfiehlt, Übungsstücke bisweilen schneller singen zu lassen, um den Schüler zu gewöhnen, sie in einem Atem zu singen, *cantare in un fiato*. Bovicelli wiederum fordert lediglich, dass das Atmen unhörbar geschehe, und tadelt Sänger, die fast mehr Geräusche mit dem Atem als mit der Stimme machen, *facendo quasi più rumor con il pigliare il fiato che con la voce*. Der Lehrer Mercadante Vincenzo Cirillo soll auf die Frage eines Schülers,

Auszug aus der Koloraturarie *Son qual nave*, die Riccardo Broschi für seinen Bruder Farinelli geschrieben hatte

wie er atmen solle, geantwortet haben: *Mein Gott, wenn der Herr dir nicht gezeigt hat, wie du atmen musst, solltest du dich begraben lassen.*

In den Theorien Mancinis dagegen ist die richtige Funktion des Atmens, *l'arte di saper conservare e ripigliare il fiato con riserva e pulizìa*, die Grundlage von gesunder Gesangtechnik, Klangfarbe, Resonanz und Ausdruckskraft. Er rät anfangs zu vorsichtigen Übungen.

Der Schüler soll nie heftig ein- oder ausatmen, sondern die Luft sachte strömen lassen [...], wenn der Schüler gelernt hat, sparsam mit dem Atem

Auszug aus der Arie *Qual querriero in campo armato*, die ebenfalls von Riccardo Broschi für Farinelli geschrieben und von Zeitgenossen als »Konzert für zwei Stimmbänder« betitelt wurde

Auszug aus der Partitur von *Norma* von Vincenzo Bellini (1. und 3. Notenlinie) mit Verzierungen von Giuditta Pasta (2. und 4. Notenlinie)

umzugehen und ihn genau zu kontrollieren und abzustufen, kann er mühelos die Stimme an- und abschwellen und wieder aufblühen lassen und, wenn es nötig wird, unhörbar dazwischen einatmen. Ich leugne aber nicht, dass dies am Anfang viel Ausdauer kostet.

Gleichzeitig mit dem richtigen Gebrauch des Atmens fordert Mancini die Leggerezza delle fauci, die Leichtigkeit oder Entspanntheit der Gaumensegel:

90

Jeder Schüler wird lernen müssen, seine Brust [muskulatur] so zu trainieren, dass die Stimme natürlich strömen kann, und er wird von der Entspanntheit der Gaumensegel Gebrauch machen. Wenn er in diesen beiden Punkten die nötige Perfektion erreicht hat, wird seine Stimme klar und harmonisch klingen […] Manche, die nicht in der Lage sind, mit der Kraft der Brustmuskulatur den ersten Ton zu stützen, weil sie diese nicht beherrschen, fangen an, die Gaumensegel zu drücken. Durch diese unnatürliche Anstrengung muss die Stimme schlecht und schwer, weil in den Hals gepresst, klingen. Jeder Lauf, jede Koloratur muss von der Brustmuskulatur und dem kontrollierten Atem gestützt und mit entspannten Gaumensegeln gesungen werden […].

Bei jedem technischen Problem, seien es Verzierungen, Portamenti, Martellati, wiederholt Mancini seine Forderung nach dem perfekten Gebrauch des Atems, *la cosa più necessaria per ben riuscire e l'arte di saper conservare e maneggiare il fiato.* Mancini erwähnt dagegen mit keinem Wort die Nutzung der Resonanzräume, wie sie heute oft in den Vordergrund des Unterrichts gestellt wird. Der runde Ton, der bei richtiger Atemführung und entspanntem Ansatz entsteht, entwickelt von alleine das richtige Volumen: *La voce […] con la moderazione del fiato con tanta buona economìa vienne a farsi sentire più agli ascoltanti, senza affaticare ed indebolire il petto del cantante,* »mit dem sparsamen Gebrauch des Atems wird die Stimme für den Zuhörer lauter, ohne dass dabei die Brust des Sängers ermüdet oder überanstrengt wird«.

Manicini forderte außerdem, wie übrigens auch viel andere Pädagogen, eine schöne Körperhaltung und eine natürliche Stellung des Mundes. Für die Körperhaltung empfahl er bereits regelmäßiges Training, insbesondere durch Tanzen, Fechten und Reiten. Zur richtigen Mundstellung meinte er:

Einer der wichtigsten Fehler beim Singen entsteht dadurch, dass der Sänger seine Mundstellung nicht beachtet. Vor allem muss die Mundöffnung immer im richtigen Verhältnis zur Physiognomie des Sängers sein, wobei besonders auf die Beschaffenheit der Zähne zu achten ist.

Die letzte Anweisung enthält zugleich eines der wichtigsten, zuwenig beachteten Gesetze der Belcantoschule: das Eingehen auf die individuellen Gegebenheiten bei jedem Sänger, das Belassen und Entwickeln des eigenen Timbres, der natürlichen Veranlagung.

Hatten Triller und Passagen die Geschmeidigkeit und Geläufigkeit der Stimme ausgiebig gefördert, Messa-di-voce-Übungen den Übergang der Register ausgeglichen und die Schattierungsmöglichkeiten entwickelt, war die Reinheit aller Vokale in der Mittellage gesichert, so wurden erst Phrasen und Rezitative erarbeitet, bei denen nun das Gewicht auf die Verbindung von Wort und Stimme, klare Diktion und eine Übermittlung des im Wort enthaltenen Sinnes gelegt wurde.

Damit aber begann die Verwirklichung des wichtigsten Belcanto-Ideals: *Nicht nur die Schönheit und Geläufigkeit zeichnen den einzigartigen Künstler aus,* sagte Mancini, *sondern ebenso eine ausgezeichnete Form des Vortrags.* Er fordert auf, einem guten Redner zuzuhören und darauf zu achten, *wie viele verschiedene Stimmfarben und -stärken er anwendet, um seine Gedanken mitzuteilen; bald hebt, bald senkt er die Stimme, bald macht er sie roh, bald süß, je nach den Gefühlen, die er in seinen Zuhörern wecken will.* Er lobte an Farinelli die Fähigkeit, sich einmal heiter, einmal stolz, einmal würdevoll, einmal zärtlich zu zeigen, und bewunderte an der Tesi-Tramontini die Persönlichkeit, die Haltung und richtige Geste und die Fähigkeit, die Worte ihrem Sinn gemäß vibrieren zu lassen. Durante stellt seinen *Arie devote* folgende Anweisung voran:

Aus den vorliegenden Arien kann man leicht lernen: die Kunst, mit Anmut zu singen, die Musik den Worten anzupassen. Die Sänger müssen danach trachten, den Sinn dessen zu erfassen, was sie zu singen haben, besonders wenn sie solo singen, damit sie dadurch, dass sie dies selbst verstehen und sich zu eigen machen, es ihren Zuhörern zum Verständnis bringen können, was ja ihr wichtigstes Bestreben ist.

Nach Tosis Meinung aber war der beste Lehrer das Herz:

O was für ein Lehrmeister ist das Herz! Gesteht es in Dankbarkeit, meine geliebten Sänger, dass ihr nie das höchste Ziel in eurem Beruf erreicht hättet, wäret ihr nicht seine Schüler gewesen. Gesteht, dass ihr in wenigen Stunden von ihm die schönsten Ausdrucksschattierungen, die edelste Haltung, die reizvollsten Verzierungen gelernt habt, gesteht, dass, obwohl dies kaum möglich scheint, das Herz auch die Fehler der Natur korrigiert, indem es eine raue Stimme weicher macht, eine nichtssagende verbessert, eine gute perfekt werden lässt.

Die Vielfalt der Ausdruckskraft, die Phantasie und Persönlichkeit des Sängers entschied nun über dessen weitere Entwicklung.

Zu diesem Zeitpunkt wurde der Schüler nach Tosis Meinung schon bald zu seinem eigenen Meister:

Wenn ein Anfänger sich lange geübt hat in der Reinheit der Intonation, in ausgehaltenen Tönen, Trillern, Phrasen und im Ausdruck des Rezitativs und wenn er dann der Meinung ist, dass der Lehrer nicht mehr immer wird neben ihm sein können, dann kommt der Augenblick, in dem er erkennen muss, dass der beste Sänger der Welt immer sein eigener Schüler und sein eigener Lehrer sein muss.

Manche der wichtigsten Regeln des Belcanto-Singens sind im Laufe des 18. Jahrhunderts und im 19. Jahrhundert verlorengegangen. Insbesondere hielt man sich nicht sorgfältig genug an die Regel, die Stimme in ihrer Mittellage auszubilden und den Umfang nur allmählich zu erweitern. Oft wurde der sorgfältige Aufbau der Stimme auch ausschließlich als leises und weiches Singen missverstanden, obwohl schon Tosi vor einer verzärtelten Pianotechnik deutlich gewarnt hatte: *Die Erfahrung lehrt, dass auf reines Pianosingen kein Verlass ist, es ist zwar gefällig, aber auch gefährlich. Wenn jemand seine Stimme verlieren will, soll er es ruhig versuchen.* Im 18. Jahrhundert führte die zunehmend vom Publikum geforderte Virtuosität der Sänger zu einer Verflachung der Sängerausbildung und zu einem Überhandnehmen endloser Koloraturen und ins Tremolieren degenerierter Triller auf Kosten des schönen Tons und des sauberen Vokals. Im 19. Jahrhundert stellten größer werdende Orchester und Opernhäuser und neue Opernpartien gesteigerte Anforderungen an Umfang und Stimmkraft. Verunsicherte Sänger und Gesangpädagogen suchten nach neuen Ausbildungsgrundlagen.

Auch Manuel García der Jüngere, der von seinem Vater und seinen Vorgängern die Prinzipien des Belcanto übernommen hatte, suchte zunächst nach neuen Wegen im Gesangunterricht, insbesondere nachdem er durch Erfindung des Kehlkopfspiegels die Möglichkeit erlangte, die stimmliche Funktion zu beobachten. Als er jedoch gegen Ende des 19. Jahrhunderts entdeckte, welche Saat von Irrlehren im Gesangunterricht aufgegangen war, besann er sich reumütig auf die Gesetze der Natur:

Vermeide alle modernen Lehren, und halte dich an die Natur. Ich glaube nicht an die Gesanglehre mit Sensationen, die Idee ist absurd, dass ein Atemstrom für die eine Art Ton gegen den harten Gaumen, für eine andere Art Ton gegen den weichen Gaumen gelenkt wird und hier und dort wieder zurückgeworfen wird. Was das Atmen betrifft, tue einen Atemzug und beachte die Gesetze der Natur.

García, dessen Anweisungen und Übungen zur Gesangtechnik bis heute einen Grundbestand gesunder Gesangausbildung darstellen, ist nicht umsonst von Fantoni als *oberster Gesetzgeber für den gesunden Gesang,* von Haböck als *Columbus des Gesangs* betitelt worden.

Voraussetzungen für den Sängerberuf

Voce, voce, voce, antwortete Rossini auf die Frage, welche Eigenschaften ein Sänger unbedingt besitzen müsse. Damit definiert er jedoch eher das Ergebnis beim fertig ausgebildeten Sänger, nicht die Voraussetzungen für den angehenden Sänger. Man vergewissere sich nur, wie mancher Schüler mit blendenden stimmlichen Veranlagungen nicht den nötigen Fleiß, die Ausdauer, Musikalität oder Nervenstärke für eine große Karriere mitbringt, wie oft dagegen Sänger mit geringeren stimmlichen Mitteln dank unermüdlicher Arbeit und künstlerischer Intensität zum Erfolg kommen. Von Caruso wird immer wieder behauptet, dass seine stimmliche Veranlagung nicht eindeutig war, dass sein Temperament, sein rhythmisches Gefühl, seine dramatische Ausdruckskraft und Musikalität, verbunden mit täglich gleichmäßiger intensiver Arbeit, ihn zum größten Sänger des 20. Jahrhunderts gemacht haben.

Zu unterscheiden gilt es zunächst zwischen angeborenen, nicht beeinflussbaren Eigenschaften und solchen, die, obwohl oft als mögliche Begabung angeboren, zumindest zum Teil auch trainiert werden können. Als nicht beeinflussbar kann in erster Linie der Körperbau angesehen werden, die Anlage der Stimmlippen, des Ansatzrohres. Diese Anlagen entscheiden grundlegend darüber, ob eine tragfähige, klangvolle Stimme entwickelt werden kann, und beeinflussen das Timbre, die Farbe, die die Einmaligkeit dieser Stimme ausmachen werden. Nicht veränderbar sind auch die Einflüsse des Klimas, der Sprache und des Dialekts, die wesentlich die Entwicklung der stimmlichen Organe mitbestimmen können. Angeboren sein sollten gesunde Atemorgane und Schleimhäute. Hier jedoch gibt es schon zahlreiche Beispiele von Sängern, die gerade überempfindliche Schleimhäute einerseits durch sorgfältige Behandlung, akkurate Technik und Vermeiden von Erkältungen, andererseits durch eine gewisse Abhärtung, Kräftigung durch intensive Meerbäder und leichte sport-

Ein geplagter Gesanglehrer mit zwei geplagten Schülerinnen

liche Tätigkeit nach ärztlichen Ratschlägen wieder zu völliger Gesundheit und Widerstandskraft gebracht haben. Auch schwache Atemorgane werden oft einfach durch das ständige Gesangtraining ausreichend gestärkt; nicht ohne Grund können Asthmatiker teilweise durch kontinuierliche leichte Gesang-übungen geheilt werden. Eine kräftige gesunde Rückenmuskulatur, die bestimmend ist für eine entspannte, aufgerichtete Haltung des Oberkörpers beim Singen, kann und muss, wenn nicht schon vorhanden, durch gezielte Gymnastik und Sport anerzogen werden.

Zu den weiteren wichtigsten Eigenschaften gehören ferner die bereits genannte Fähigkeit des Hörens und Voraushörens, der reinen Intonation, des rhythmischen Gefühls und der musikalischen Phantasie. Im Glücksfall sind diese angeboren, doch ist es durchaus möglich, vor allem die Intonation durch ständiges Intervallsingen, aber auch das Voraushören sowie die Phantasie durch Hören und Nachahmen zumindest teilweise zu schulen. Besonders begünstigt für eine reine Intonation auch in der Halbtonbildung, für das Voraushören der Töne und die Bildung großer musikalischer Phrasen sind ohne Zweifel Sänger, die in ihrer Jugend ein Streichinstrument gespielt haben und deren Fähigkeit des genauen Hörens und Intonierens über Jahre trainiert worden ist. Ein Sänger, der bereits als Sängerknabe zahlreiche Werke der Gesangliteratur immer wieder gehört und aufgeführt hat, bekommt jenes Gefühl für die richtige musikalische Form anerzogen, das angeborene Intuition und Phantasie oft ersetzt oder ihr annähernd gleichkommt. Dass auch begnadete Sänger wie Caruso, Gigli, Schaljapin als Chorknaben mit der Musik vertraut wurden, bestätigt den Wert einer möglichst frühen, gründlichen musikalischen Ausbildung. Desweiteren muss der angehende Sänger auch über Temperament und persönliche Ausstrahlung, Geduld und ausgezeichnete Nerven verfügen, über wache Intelligenz und unermüdlichen Fleiß, um allen Anforderungen, die das weitgespannte heutige Repertoire von alter bis neuester Musik und Ausführungen in zahlreichen verschiedenen Sprachen an ihn stellen, zu erfüllen. Vor allem aber muss er sich jene Technik erarbeiten und zu erhalten suchen, die das Fundament seiner gesanglichen Ausdruckskraft ist. *Studio indefesso, docilità vera e sincera, amor di fatica grande, vera umiltà, cristiano costume,* »unermüdliches Arbeiten, der ehrliche Wunsch zu lernen, eine Liebe für große Anstrengung, echte Demut und christliches Denken«, sind für Mancini die strengen Voraussetzungen für den Sängerberuf. Aufmerksamkeit und Intelligenz waren die Eigenschaften, die Jenny Lind zu Garcías Lieblingsschülerin machten. *Nie habe ich eine aufmerksamere, intelligentere Schülerin gehabt,* sagte er später zu Mathilde Marchesi, *nie musste ich ihr etwas zweimal erklären.* Intelligenz wiederum schien Caruso nicht allein wichtig. Er forderte eine große Brust, einen

Jenny Lind (1820–1887), die »schwe-
dische Nachtigall« in der Titelrolle von
Vincenzo Bellinis *Norma*

Leo Slezak (1873–1946) als Radames in
Aida von Giuseppe Verdi

großen Mund, neunzig Prozent Gedächtnis, zehn Prozent Intelligenz, viel harte Arbeit und *etwas im Herzen*. Zwei der wichtigsten Eigenschaften, die für ihn selbstverständlich waren, nannte er nicht: Begeisterungsvermögen und Humor. Nur der Sänger, der sich trotz harter Arbeit immer wieder an seiner Aufgabe begeistert, wird auch sein Publikum begeistern. Humor schließlich scheint geradezu die Wurzel befreiten Singens zu sein. Lachen ist eine häufig und zu recht empfohlene Lockerungsübung für Gaumen und Kiefer, der treffende Witz zahlreicher Sänger, am berühmtesten unter ihnen Leo Slezak, ist vielfach überliefert. Wie sehr Humor auch die Grundlage der tiefsten künstlerischen Aussage sein kann, beweist ein Sänger wie Dietrich Fischer-Dieskau, einzigartiger Liedinterpret unserer Zeit und erschütternder König Lear in Aribert Reimanns gleichnamiger Oper, mit seiner unvergesslichen Darstellung des verschmitzt blinzelnden, vor Lausbübischkeit strotzenden Sir John Falstaff. Von Carusos Humor zeugen Dorothy Carusos Worte, wenn sie sagt: *Enricos Wesen*

96

Eine Selbstzeichnung von Enrico Caruso, der auch ein begabter Karikaturist war

Dietrich Fischer-Dieskau (geb. 1925) als Falstaff in der gleichnamigen Oper von Giuseppe Verdi

war nicht nur unkompliziert, es war elementar. Er war zusammengesetzt aus großen, wesentlichen Blöcken. Seine Menschlichkeit war umfassend, sein Humor offen, sein Glaube tief.

Die Stimmgattungen

Bevor die einzelnen Stufen der technischen Entwicklung erläutert werden, gilt es, sich mit den einzelnen Stimmtypen, deren Umfang und Merkmalen vertraut zu machen. Wichtig ist für den angehenden Sänger, dass er nicht zu früh auf eine Stimmgattung festgelegt wird, besonders angesichts der heute durch das vielfach differenzierte Repertoire der romantischen und modernen Musik in zahlreiche Untergruppen geteilten Stimmgattungen. Die Stimme kann sich im Verlauf der Ausbildung erstaunlich nach Höhe oder Tiefe entwickeln, nur

Ein Bass und ein Tenor
vereint im Duett

bei extrem hoher oder extrem tiefer Stimmlage sollte von vornherein eine Typisierung erfolgen. Eine schrittweise Ausbildung vom natürlichen Hexachord der Mittellage aus deckt bei der Mehrheit der Stimmen erst nach einigen Monaten, bisweilen nach Jahren den gesamten natürlichen Umfang der Stimme auf. Anhaltspunkte bieten dabei in erster Linie das Timbre, der oder die Übergangspunkte bzw. die Frequenzbereiche, in denen der Übergang von einer Stimmfunktion zur anderen stattfindet, sowie die zwar äußerlichen, oft aber untrüglichen physischen Merkmale: der hohe, schlanke Wuchs des Bassisten, die rundliche Kopfform des Baritons, das fleischige Kinn und der kurze, gedrungene Hals des Tenors, der meist dunkle, knabenhafte Typ der Altistin, der rundlichere, ebenfalls dunkle Typ des Mezzosoprans, der füllige Wuchs und die quadratische Gesichtsform des dramatischen Soprans, der schlankere, brünette Typ des lyrisch-dramatischen Soprans, die herzförmige Gesichtsform und der kleine Wuchs der Soubrette und des Koloratursoprans. Eine solche Typisierung, obwohl verallgemeinernd und durch Ausnahmen widerlegt, ist doch durch viele berühmte Sängerpersönlichkeiten bestätigt und gibt in manchen Fällen einen nützlichen, zusätzlichen Hinweis (siehe folgende Doppelseite). Wissenschaftlich weit ernsthaftere Anhaltspunkte über die Beschaffenheit einer Stimme kann der Besuch bei einem Phoniater vermitteln, der aufgrund der physischen Gegebenheiten, der Länge der Stimmlippen und der Form des Ansatzrohres eine recht präzise Prognose über die Entwicklungsmöglichkeiten der Stimme stellen kann, dies meist jedoch auch nur mit allen Vorbehalten und Einschränkungen tun wird, da besonders in jungem Alter nie alle stimmbildenden Faktoren endgültig erfasst werden können.

Die Neigung der italienischen Komponisten, Hauptrollen, ob männlich oder weiblich, mit hohen Stimmen zu besetzen, führte, gleichzeitig mit der Vorherrschaft der Kastraten, dazu, dass bis in das 19. Jahrhundert hinein den Tenören und Bässen in der Opera seria – eine Ausnahme bilden die Basspartien in den Opern Händels – kaum wichtige Partien zufielen. Selbst

Rossini besetzte seinen Trancredi, eine Lieblingsrolle der berühmten Giuditta Pasta, mit einer weiblichen Kontraaltstimme. Mit der Profilierung der männlichen Sänger und den gesteigerten Anforderungen der veristischen Opernliteratur festigte sich im 19. Jahrhundert nicht nur die klassische Aufteilung der Stimmgattungen in Sopran, Alt, Tenor und Bass, sondern auch die weitere Unterteilung der Bassstimme in Kontrabass, Bass und Bariton, der Tenorstimme in heldischen und hohen Tenor (nach Duprez) oder in Tenor und Contraltino (nach García), der Altstimme in Kontraalt und Mezzosopran, der Sopranstimme in Sopran und hohen Sopran (nach García). Unterschiedliche, wenn auch angenäherte Werte über den Umfang der einzelnen Stimmgattungen und den jeweiligen Bereich der Brust-, Misch- und Kopfstimme geben die vier auf S. 102ff. aufgeführten Tabellen von Meano, Habermann, García und Duprez. Die unterschiedlichen Bezeichnungen bei García und Duprez, von denen der eine mit Falsett die Mischstimme, der andere die oberste Kopfstimme bezeichnet, dürfen dabei nicht verwirren.

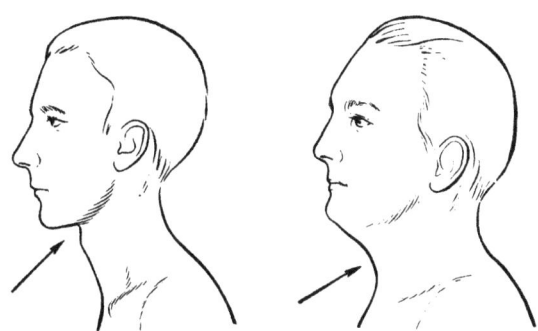

Halsprofile als Maßstab für die Weite des Rachens. Links der asthenische Typ, rechts der Sängertyp (Aus: G. Habermann)

Nach den letzten wissenschaftlichen Erkenntnissen gibt es für alle Stimmlagen nur eine Hauptstimmbandfunktion. Diese entspricht bei vollschwingenden Stimmlippen der Bruststimme, bei am Rand schwingenden Stimmlippen der Kopfstimme, im Übergang zwischen Vollschwingung und Randschwingung der Mittelstimme. Bei diesen drei Funktionen handelt es sich nach Barth (siehe »Das Instrument Stimme«, S. 61ff.) um ein und dasselbe Register, in dem die Randschwingung als Kern durchgehend vorhanden ist. Ein Registerwechsel vollzieht sich nur beim Übergang zum Falsett (Männerstimme), zum Flöten- oder Pfeifregister (Frauenstimme) und zum Jodelregister.

Als Untergruppe der Stimmgattungen kann das Stimmfach gelten, das jede Stimmlage nach Stimmkraft, Umfang, Timbre, aber auch nach Charaktertyp und körperlicher Veranlagung weiter aufteilt: die Sopranstimmen in Koloratursopran, Soubrette, lyrischen, lyrisch-dramatischen, dramatischen und hochdramatischen Sopran, die Altstimmen in dramatischen und lyrischen Alt sowie

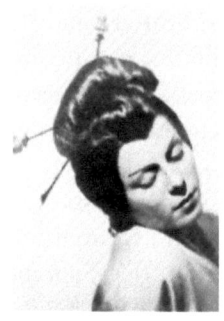   

1. Abb. oben (v. l.):
Maria Cebotari
(1910–1949), öster-
reichische lyrisch-
dramatische
Sopranistin, in der
Titelrolle von
Giacomo Puccinis
Madame Butterfly

2. Abb. oben:
Agnes Baltsa (geb.
1944), griechische
Mezzosopranistin,
in der Titelrolle von
Gioacchino Rossinis
La Cenerentola

3. Abb. oben:
Brigitte Fassbaender
(geb. 1939), deut-
sche Altistin, in
La clemenza di Tito
von Wolfgang
Amadeus Mozart

4. Abb. oben:
Maria Stader
(1911–1998),
ungarisch-schweize-
rische Sopranistin,
hervorragende
Mozart-Interpretin

Agnes Baltsa und Frank Lopardo, Sänger mit perfekter
Koloraturtechnik, in Rossinis *L'Italiana in Algeri*.

100

1. Abb. oben (v. l.):
Tito Gobbi
(1913–1984), ita-
lienischer Bariton,
in *Simon Boccanegra*
von Giuseppe Verdi

2. Abb. oben:
Ezio Pinza
(1892–1957),
italienischer Bassist,
in der Titelrolle
von Wolfgang
Amadeus Mozarts
Don Giovanni

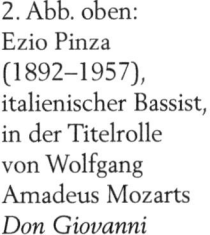

3. Abb. oben:
Tito Schipa
(1889–1965),
italienischer Tenor,
als Des Grieux in
Jules Massenets
Manon

Richard Tauber (1891–1948),
österreichischer Tenor. Sein Ruhm und
seine große Popularität gründeten auf
seinen Auftritten in Oper, Operette
und Film.

4. Abb. oben:
Fjodor Schaljapin
(1873–1938),
russischer Bassist,
als Zar in Modest
Musorgskijs
Boris Godunow

Kirsten Flagstad
(1895–1962),
norwegische dra-
matische Sopranis-
tin, als Isolde in
Richard Wagners
Tristan und Isolde

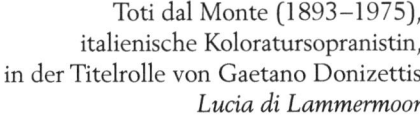

Toti dal Monte (1893–1975),
italienische Koloratursopranistin,
in der Titelrolle von Gaetano Donizettis
Lucia di Lammermoor

101

Spielalt, die Tenorstimmen in Buffotenor und lyrischen Tenor, lyrische Spinto-
charakter- und Heldentenöre, die Baritonstimmen in Bariton-Martin, Spiel-,
Kavalier- und Heldenbariton, die Bassstimmen in Basso profundo, Kontrabass
und Bassbuffo.

Stimmumfang; nach C. Meano

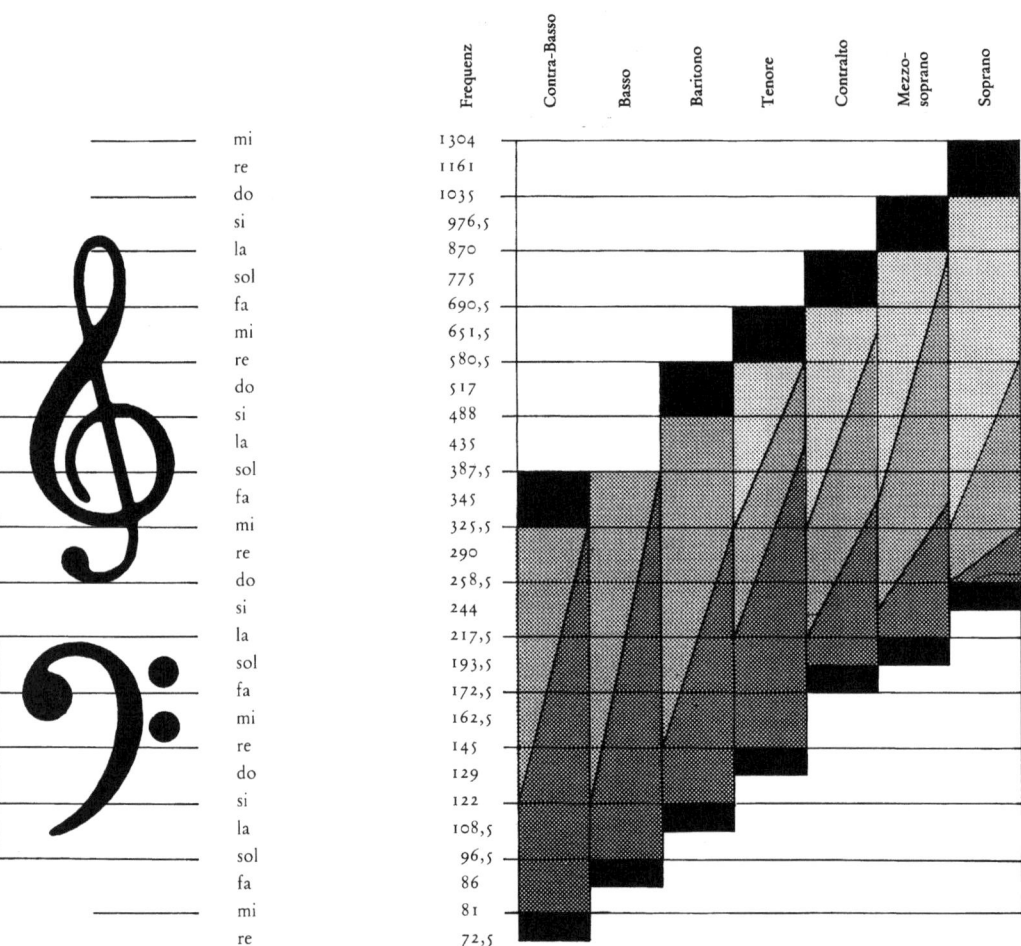

Dunkel gepunktete Felder kennzeichnen die Bruststimme, mitteldunkel gepunktete
Felder die Mischstimme, hell gepunktete Felder die Kopfstimme.

Stimmumfang; nach Habermann–Ruth

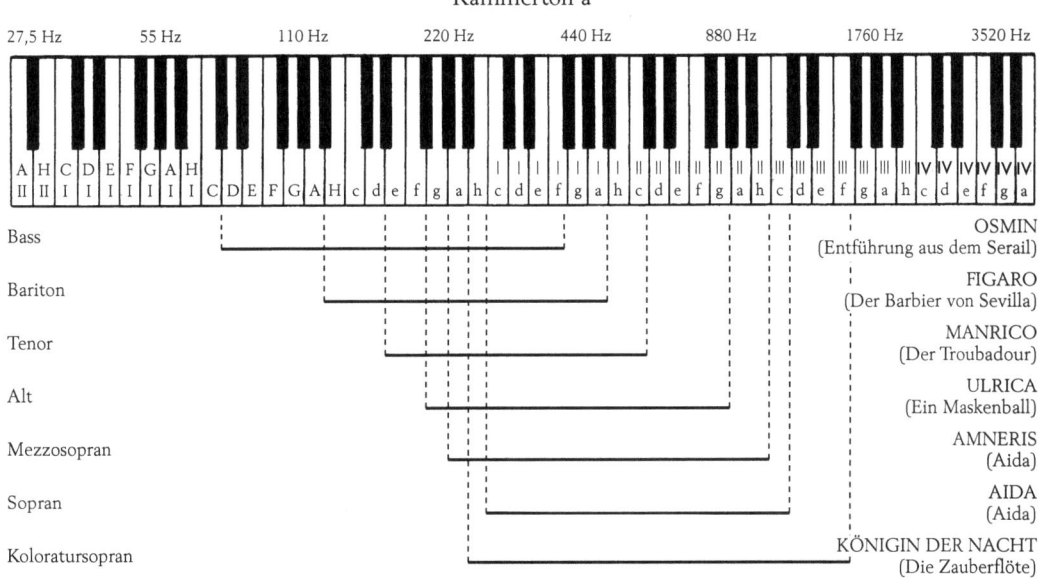

Umfang der einzelnen Stimmfächer und ihrer Partien; nach Ruth
(Aus: G. Habermann)

Trotz Differenzierung, Unterteilung und Einschränkung von Stimmgattungen und Stimmfach kommt es auch vor, dass eine vollausgebildete, durchtrainierte Stimme eine Ausweitung des Repertoires und damit meist den Übergang in eine höhere Stimmgattung sucht. Grundsätzlich ist gegen eine solche Ausweitung des Umfangs nichts einzuwenden. Schließlich sangen Giuditta Pasta und Maria Malibran zu ihrer Zeit das gesamte Sopran- und Altrepertoire. Lilli Lehmann meisterte ebenso die Isolde wie die Königin der Nacht, Manuel García der Ältere, Vater des Pädagogen, war nicht nur Rossinis erster Almaviva, sondern sang zu späterer Zeit auch den Mozartschen Don Giovanni in der Originallage. Nicht zuletzt hat Richard Wagner in seinen Musikdramen Partien geschaffen, die in Höhe und Tiefe gleiche Durchschlagskraft fordern. So bleibt es für den Bassisten ein ständiger Anreiz, die Höhen eines *Walküre*-Wotans, eines Holländers oder eines Hans Sachs zu meistern, Partien, denen ein Bariton oft an Sonorität in der Tiefe schuldig bleibt. Ebenso drängt es manchen hohen Bariton in die heldischen Tenorpartien des Siegmund, des Loge, des

Siegfried oder des Tristan und des Parsifal, deren schwere heldische Akzente in der Baritonlage für die meisten Tenöre problematisch und stimmschädigend sind. Den Altistinnen werden in den Partien der Ortrud, der Venus oder der Kundry so viele ausgedehnte Passagen in hoher Sopranlage abgefordert, dass der Schritt zum hochdramatischen Sopran, zur Isolde und Brünnhilde, die wiederum ausdrucksvolle Stellen in der Altlage verlangen, naheliegt. Die Beispiele von Tenören, die aus dem Baritonfach in die Tenorlage wechselten, sind zahlreich. Jean de Reszke, Giovanni Zenatello, Lauritz Melchior, Gilbert-Louis

Stimmumfang; nach M. García

Gesangschule I. Teil

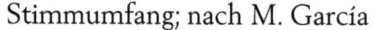

Duprez, Plácido Domingo sind nur einige davon. Astrid Varnay gelang mit Erfolg der Übergang vom Altfach in das der Hochdramatischen, Maria Callas beherrschte ebenso bravourös hohe Koloratur- und Mezzosopranpartien als auch dramatische Sopranpartien. Placido Domingos Repertoire reicht vom packenden Otello zum makellosen Mozartschen Don Ottavio, und er spricht davon, einst, wie Garcías Vater, den Don Giovanni zu singen.

Anderseits ist das Experiment von Heinrich Schlusnus bekannt, der während seiner Ausbildung einen kurzen Ausflug ins Tenorfach schnell wieder

Stimmumfang; nach G.-L. Duprez

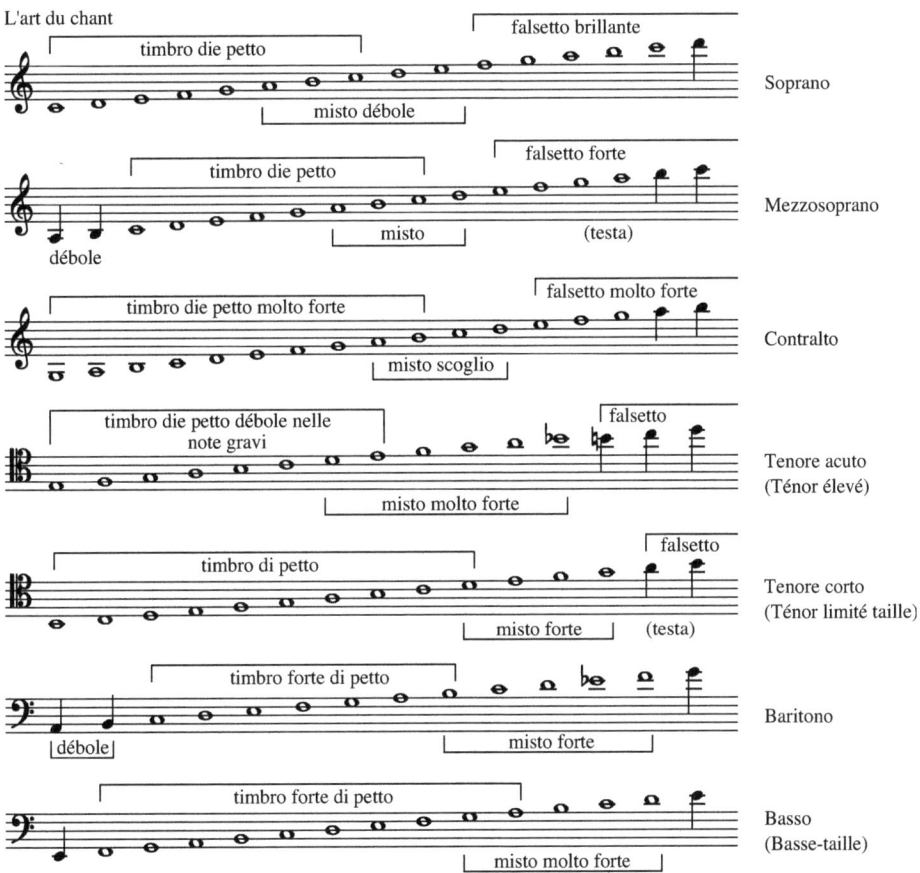

abbrach und seine herrliche Baritonstimme zur vollen Blüte brachte. Bei der Beurteilung der Möglichkeiten für den Wechsel in ein höheres Stimmfach muss auf jeden Fall darauf geachtet werden, dass ein Erreichen der hohen Töne nicht genügt, sondern dass es auf das Durchhalten der hohen Lage ankommt, was nur bei voll ausgebildeter Randstimmfunktion möglich ist. Nur diese ermöglicht immer wieder einen tadellos elastischen Verschluss der Stimmritze und verhindert ein Ausweiten der Stimmlippen. Die größte Gefahr für tiefe Stimmen ist das Heraufziehen der Vollstimme über den Ponticello, den Frequenzbereich, bei dem der Übergang in die Mittelstimme erfolgen müsste.

Auch die Zuordnung innerhalb einer Stimmgattung, vor allem die Abgrenzung vom lyrischen zum jugendlich-dramatischen Fach oder zum Spinto im Bereich der Sopran-, Tenor- und Baritonlage erfordert große Behutsamkeit. Hier wird der Sänger oft vom eigenen Ehrgeiz, bei kleineren Opernhäusern oft auch durch den Sparsinn des Intendanten, dazu gedrängt, Partien zu übernehmen, die er nicht oder noch nicht bewältigen kann.

Während es für die Stimme notwendig und gesund ist, immer wieder ihre vollen klanglichen Möglichkeiten sowohl im Umfang wie im Volumen auszuschöpfen und nach den gegebenen Möglichkeiten zu steigern, muss jede Stimmleistung, die eine Ermüdung oder Anspannung mit sich bringt, unbedingt vermieden werden. Der Sänger sollte sich immer in dem stimmlichen Rahmen bewegen, in dem er seine Stimme ohne Anstrengung frei und locker ansetzen, an- und abschwellen kann und in dem ihm auch Koloraturen oder Triller keine Schwierigkeiten bereiten. In den meisten Fällen ist denn auch hier wieder Manuel Garcías Rat zu befolgen: *Jede Stimmgattung enthalte sich, die ihr eigenen Grenzen zu überschreiten.*

Heinrich Schlusnus (1888–1952), deutscher Bariton, einer der besten Liedersänger seiner Zeit

Karikatur von Gilbert-Louis Duprez (1806–1896), der sein hohes c mit Bruststimme singt

Manuel García d. Ä. Porträt von Francisco de Goya y Lucientes

106

Der Einfluss wissenschaftlicher Erkenntnisse

Die heutige Gesangausbildung verfügt zusätzlich zu den Erkenntnissen aus dem Zeitalter der ersten Belcantotechnik über die klare, ausgereifte, wissenschaftliche Analyse der physischen Vorgänge bei der Tonbildung. Die Unklarheiten, die die ersten wissenschaftlichen Versuche nach der Erfindung des Kehlkopfspiegels durch Manuel García im 19. Jahrhundert hervorriefen, sind bereinigt. Umfassendes Untersuchungsmaterial ist von einer Reihe zuverlässiger Ärzte und Wissenschaftler zusammengetragen und übersichtlich und verstehbar ausgewertet worden (siehe »Das Instrument Stimme«, S. 61ff.). Für den Sänger ist es eine aufschlussreiche Hilfe, dieses Instrument, das in ihm ruht und das er nicht wie ein Klavier oder eine Geige betrachten und untersuchen kann, in Abbildungen benannt und erläutert zu bekommen und die Grundfunktion der Tonerzeugung bei der menschlichen Stimme zu verstehen. Ein klares Begreifen dieser Vorgänge trägt zum Verständnis für eine gesunde Gesangtechnik bei und hilft Fehler und Beschädigungen der Stimme zu vermeiden. So überrascht es nicht, dass heute kaum noch Irrlehren mit komplizierenden Fehlbegriffen bestehen, dafür aber ein Heer von vorzüglich ausgebildeten jungen Sängern anzutreffen ist.

Niemals jedoch sollte das Wissen über die funktionellen Vorgänge im eigentlichen Gesangunterricht falsch eingesetzt werden. Für den Sportler ist es wichtig, seine Muskeln und deren Funktion zu kennen, um sie richtig zu nutzen und nicht zu strapazieren. Doch wird er nie im Augenblick der Ausübung an den Muskel denken, den er bewegen, sondern an das Ergebnis, das er erzielen will: der Tennisspieler an den Ball, den er treffen und richtig platzieren muss, der Hürdenläufer an die Höhe der Hürden, die es zu meistern gilt, der Schwimmer an die Distanz, die er in kürzester Zeit zurücklegen muss. Der Pianist denkt nicht an den Muskel, mit dem er seinen Finger hebt oder auf die Taste fallen lässt, sondern an den Ton, den er treffen, die Klangfarbe, die er erzielen will. Den Sänger während des Singens an eine Muskelfunktion zu erinnern, würde ihn verwirren, wahrscheinlicher verkrampfen, ihm aber auf keinen Fall helfen, einen frei schwebenden, schön klingenden Ton zu erzeugen. Hierfür hilft ihm nur ein sorgfältiges, konsequentes Training aller Funktionen, die zur Tonerzeugung beitragen und wie sie von jeher von den Belcantosängern geübt wurden, und dazu jene Veranlagung, die zu den wichtigsten Voraussetzungen für den Sängerberuf gehört: die Fähigkeit, einen schönen Ton zu erkennen, ihn erinnern, voraushören, wiedergeben und beurteilen zu können. Harriet Brower erklärte in einem Interview: *Nichts ist so wichtig wie Intelligenz und ein gutes Ohr. Höre dir selbst zu, und dein Ohr wird dir sagen, was für Geräusche du produzierst.*

Die fünf Bereiche der gesanglichen Ausbildung

Vorbemerkung

Es kann nicht Ziel dieses Buches sein, eine umfassende Gesangtechnik in ihrem detaillierten Aufbau zu vermitteln. Dieser Aufbau variiert bei jedem Schüler aufgrund der stimmlichen, körperlichen und geistigen Veranlagung und der zum Teil bereits bestehenden Vorbildung. Es ist das Geheimnis jedes erfolgreichen Unterrichts, dass einzig durch das Eingehen auf die individuellen Gegebenheiten des Schülers eine harmonische Entwicklung möglich ist. Der Belcantolehrer Porpora war berühmt dafür, dass er jedem Schüler seine Eigenart beließ und ihn dadurch zu voller Entwicklung seiner Möglichkeiten brachte. Der großartige armenische Violinpädagoge Ivan Galamian lehnte es ab, eine einzige richtige Arm- oder Handhaltung zu diktieren, sondern pflegte diese der natürlichen Körperhaltung und den physischen Möglichkeiten des Schülers anzupassen. Dennoch gibt es Grundabschnitte der technischen Ausbildung, die, in Reihenfolge und Intensität variabel, völlig durchgearbeitet, begriffen und beherrscht werden müssen. Diese Grundbereiche sollen im folgenden umrissen und anhand von praktischen Übungen und Repertoiretabellen erfassbar gemacht werden. Dabei ist zu beachten, dass im Studium weder Ausbildungsbereiche noch Repertoire streng chronologisch zu ordnen oder voneinander abzutrennen sind. So werden sich Übungs- und Repertoirebereiche im Verlauf des Studiums je nach Veranlagung und Vorbildung des Schülers vermischen, wobei allerdings die Schwierigkeitsgrade stets streng einzuhalten sind. Dass parallel zur gesangtechnischen Ausbildung ein weitgefächertes ergänzendes Studienprogramm gehört, war schon dem Ausbildungssystem der alten Italiener zu entnehmen. In erster Linie muss die umfassende musikalische Grundausbildung gewährleistet sein. Zu dieser gehören Harmonielehre, Tonsatz, Blattlesen und vor allem regelmäßiges Gehörtraining, das sich zunächst auf Intervallsingen und Erkennen einfacher Akkorde beschränken und erst im fortgeschrittenen Stadium atonale Schulung umfassen sollte. Ebenso sollte der angehende Sänger die musikalischen und literarischen Grundlagen des Gesangrepertoires erarbeiten, in der Zusammenstellung von Programmen geschult werden, mindestens ein bis zwei Fremdsprachen lernen und Fächer wie Theaterwissenschaft, Pädagogik, Phonetik, Anatomie und Hygiene belegen können. Wichtig ist auch von Beginn des Studiums an die Schulung der dramatischen Ausdruckskraft und Bewegungsfreiheit durch regelmäßigen szenischen Unterricht und ergänzende sportliche Tätigkeit wie Gymnastik, Tanz, Fechten, Reiten, Schwimmen.

Körperhaltung, Atemfunktion, Intonation

Wie bereits erwähnt, umfasst die unausgebildete menschliche Stimme sechs bis sieben Töne, die sogenannte Mittellage. Der gesamte Aufbau der Stimme geht von dieser Mittellage aus. Nur der rein intonierte und vokalisierte, spannungsfrei erzeugte Ton in der Mittellage erlaubt das Ausschwingen der Stimme nach Höhe und Tiefe. Die Mittellage ist, um den Gesangpädagogen Viktor Fuchs zu zitieren, das *Vaterhaus der menschlichen Stimme*. Jede Ausbildung der Stimme beginnt damit, diese Mittellage zu kräftigen.

Erste Lektionen bestehen aus Halb- und Ganztonschritten und kleinen Intervallen, die zunächst in gleichmäßigem Mezzoforte gesungen werden und auf einen Umfang von sechs bis acht, maximal zehn Töne begrenzt bleiben.

ÜBUNG 1

(Aus: M. García, *Garcías Schule oder Die Kunst des Gesanges*,
hg. von F. Volbach, Teil 1, Schott, Mainz)

Diese Übungen sollen möglichst ohne Klavierbegleitung gesungen werden, um die Vorstellungskraft des Schülers für den noch nicht gesungenen Ton und damit seine Fähigkeit zur reinen Intonation zu schärfen. Sie können solfeggiert oder auf dem für den Schüler am leichtesten anklingenden Vokal gesungen werden. Der Ansatz des Tones soll stets schlank und weich, ohne jeden Druck erfolgen. Wichtig ist, dass der Schüler lernt, den Ton auf der Atemstütze ruhen zu lassen. Der Unterricht muss also zunächst damit beginnen, dass der Schüler die Funktion des Atmens und die damit verbundene richtige Körperhaltung versteht. Der Atem, das kann nicht genug betont werden, ist die Lebensquelle der Stimme.

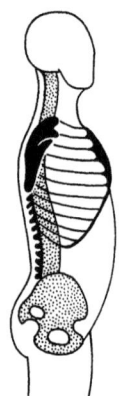 

Normalform   Fehlform

Wirbelsäulenhaltung und Körperform (aus: J. Parow)

Das Wichtigste für eine gute Atemführung ist zunächst eine schöne, erhobene, im Gleichgewicht ruhende Körperhaltung mit aufgerichtetem Brustkorb (nicht zu verwechseln mit hochgezogenen Schultern) und ruhenden, nicht an den Körper gepressten Armen. Die Füße stehen leicht gespreizt, jedoch nicht breiter als der Schultergürtel. Diese Position darf weder beim Ein- noch beim Ausatmen verändert werden. Mattia Battistini pflegte zu sagen, der Sänger müsse *come una stàtua* stehen.

Links: Normale Atembewegung des Rumpfes, Einatmung punktiert (aus: J. Parow)

Mitte und rechts:
Normale Atembewegung von
a) Brustkorb, b) Zwerchfell,
c) Bauchwand. Einatmung punktiert, Spannungsgrad durch Stärke der Linien gekennzeichnet. Beim Einatmen verstärkte Spannung in Brustkorb und Zwerchfell, gleichbleibende Spannung der Bauchwand
(aus: J. Parow)

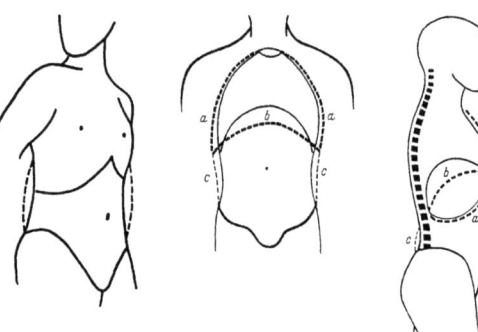

Niemals jedoch darf diese ausgewogene, aufgerichtete Haltung mit Steifheit verwechselt werden, sie muss vielmehr das Ergebnis einer bewussten Kontrolle aller betroffenen Muskelgruppen sein. Um ein intensives Gefühl für die einzelnen Muskelgruppen zu entwickeln, eignen sich folgende Übungen:

ÜBUNG 2
Auf dem Rücken liegen, Arme seitlich ausstrecken, Beine spreizen und sich vorstellen, ein Ball laufe unter dem Körper durch, beginnend beim linken Fuß, entlang dem linken Bein, der Wirbelsäule, dem linken Arm, dem Nacken, dem rechten Arm, der Wirbelsäule, dem rechten Bein bis zum rechten Fuß und wieder zurück. Dem Ball intensiv nachspüren.

ÜBUNG 3
Auf dem Rücken liegen wie zuvor. Arme seitlich ausstrecken und sich vorstellen, dass mit einem Faden an den Fingerspitzen gezogen wird. Arme und Beine einzeln aus den Schulter- bzw. Hüftgelenken »ziehen«.

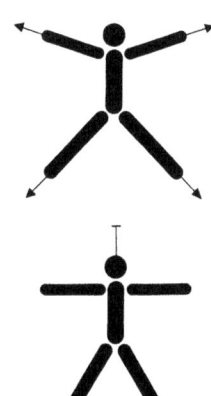

ÜBUNG 4
Aufrecht stehen und sich vorstellen, dass die Füße ausbalancierend auf schwankendem Untergrund stehen und der Kopf an einem Faden an der Decke aufgehängt ist.

Ergänzend dazu Übungen 38 und 39 in Horst Coblenzer und Franz Muhar, *Atem und Stimme*, 1976. Außerdem empfiehlt sich die Anschaffung eines kleinen Sandsackes, etwa 8 x 16 cm groß und etwa 500 g schwer, der während einfacher Gesangübungen auf dem Kopf balanciert wird, wodurch Schulter- und Nackenmuskeln entspannt werden.

Lässt man den Schüler nun in locker aufgerichteter Haltung einen leichten Summton singen, bis aller Atem verströmt ist, und lässt ihn, *ohne dass er Luft einzieht oder die Schultern hebt*, warten, bis sich seine Atemräume »von alleine« wieder mit Luft füllen, so hat er die beim Atmen eingesetzte Muskulatur gespürt, beim Ausströmen der Luft die sachte nach innen gehende Bauchdecke und der enger werdende Gürtel der Becken- und Brustmuskulatur, beim Einströmen der Luft die sich dehnenden Zwischenrippen-, Bauch- und Hüftmuskeln. Durch diese Dehnung beim Einatmen wird der Brustkorb in seiner untersten Partie geweitet. Das an seinem Rand befestigte Zwerchfell (Zwerch = quer) wird gesenkt und gibt die untersten Lungenpartien frei, die sich mit Luft vollsaugen. Die Bauchdecke wird leicht vorgedrückt, das Brustbein hebt sich fast unmerklich. Eine gegenteilige Atmung, das Einholen der Luft durch Hochziehen der Schultern und des Brustkorbes würde nur die oberen Atemräume mit Luft füllen, die Luft am Kehlkopf stauen und die Nackenmuskeln verkrampfen, die für die Erzeugung eines vollklingenden Tones entspannt bleiben müssen. Folgende Übungen ergänzen das Haltungs- und Atemtraining:

ÜBUNG 5
Ausgestreckt auf dem Rücken liegen, Beine über den Kopf zurückfallen lassen, dabei rasch ausatmen, gestreckte Beine langsam wieder nach vorn auf den Boden sinken und dabei Luft einströmen lassen.

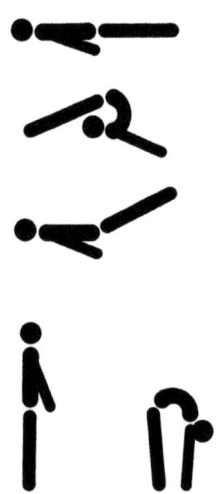

ÜBUNG 6
Mit gestreckten Beinen aufgerichtet an der Wand stehen, mit den Hüften die Wand wegzudrücken versuchen. Nun Arme langsam, bei durchgestreckten Knien, zu Boden sinken lassen, bis die Fingerspitzen den Boden berühren. Dabei sachte summen, bis alle Luft ausgeströmt ist. Während die Luft wieder einströmt, sich langsam aufrichten.

Haben sich die Atemräume mit Luft gefüllt und setzt der Sänger nun einen getragenen Ton an, so wird in ihm das Gefühl für das Stützen dieses Tones entwickelt. Während beim normal atmenden Menschen nach dem Einatmen die Brust- und Rippenmuskulatur automatisch zusammenfällt und das Zwerchfell sich hebt, benutzt der Sänger seine Einatmungsmuskulatur, um dieses Zusammenfallen zu kontrollieren und den Luftstrom, der durch die Stimmlippen dringt, genau zu regulieren. Unter Einatmungsmuskulatur verstehen wir in erster Linie das Zwerchfell, das durch Senken und Heben den Luftraum der Lungenflügel freigibt und zusammenpresst. Da die Quermuskulatur des Zwerchfells nicht direkten Hirnimpulsen gehorcht wie unsere längsgestreifte Muskulatur, wird durch eine Weitung der Brustmuskulatur das seitlich am Brustkorb aufgehängte Zwerchfell bei der Einatmung gesenkt, bei der Ausatmung durch Einziehen der Bauchdecke hochgedrückt. Niemals darf Stützen mit Stemmen oder Stauen des Atems im Brustkorbraum verwechselt werden. Am besten wird Fritz Winckel zitiert, der definiert: *Stütze ist der Halt, den die Einatmungsmuskulatur dem Zusammensinken des Atembehälters entgegengesetzt* (zit. nach Luchsinger und Arnold). Je mehr der Schüler ein Gefühl für richtige Atmung und Haltung entwickelt, desto mehr wird er spüren, dass Schulter, Nacken, Arme, Hände und Finger entspannt bleiben, die Kraft für Gleichgewicht und Kontrolle des Atems sich dagegen im Hüft- und Beckengürtel konzentriert. Folgende Übungen sollen sein Haltungstraining ergänzen:

ÜBUNG 7
Schultern, einzeln und zusammen, nach vorwärts und rückwärts rollen.

ÜBUNG 8
Verschieben des Beckens im Kreis seitlich links, nach vorn, seitlich rechts, nach hinten und zurück, ähnlich einem Training für Bauchtanz, ohne aber Oberkörper oder Beine zu bewegen.

ÜBUNG 9
So schräg wie möglich auf dem rechten Fuß stehen und mit den Fingerspitzen die rechte Zimmerecke zu erreichen suchen. Gleiche Übung nach links.

ÜBUNG 10
Aus den Hüften Oberkörper mit durchgestreckt geradem Rücken nach vorn ausstrecken, Fingerspitzen von unsichtbarem Faden ziehen lassen. Dann Arme langsam senken und gleichzeitig Oberkörper wieder aufrichten. Der aufgerichtete Unter- und Oberkörper steht nun in Idealhaltung »übereinander«.

Hervorragend sind zur Ergänzung regelmäßige Übungen an der Sprossenwand sowie Schwimmen, Reiten, Fechten, Seilspringen, Laufen. Gleichmäßig dosierte, dem Können angepasste Leistungen sind dabei wichtig. Überanstrengung soll vermieden werden. Hat der Schüler die Funktion des Weitens der Zwischenrippenmuskeln und des Hüftgürtels sowie die Funktion des Einströmenlassens der Luft erfasst, so wird stufenweise die rasche, kurze Tiefatmung geübt:

ÜBUNG 11

Stoßweise ein- und ausatmen durch Vor- und Zurückstellen der Bauchdecke und durch gleichzeitige Weitung und Verengung der unteren seitlichen Brustmuskulatur. Zunächst einmal ein- und einmal ausatmen, steigern bis fünfmal ruckartig ein- und fünfmal ruckartig ausatmen.

Als fortgeschrittenes Training folgt das sogenannte Tiefhecheln, bei dem die stoßweise Ein-/Ausatmung reflexartig zehn- bis zwölfmal nacheinander erst langsam, dann immer schneller werdend mit leicht geöffnetem Mund wiederholt wird. Diese rasche Einatmung, erforderlich in schnellen Passagen und für affektgeladene Ausbrüche, stellt ein ausgezeichnetes Training für die Atemmuskulatur der Bauchdecke dar, die, darüber sollte völlige Klarheit bestehen, ein absolutes Hochleistungstraining benötigt, um die an sie gestellte Aufgabe der subtilen Atemsteuerung zu bewältigen.

Dagegen sollte ein besonders langes Aushalten des Atems niemals durch bewusstes Training angestrebt werden. Statt dessen werden die eingangs genannten Tonschrittübungen schon im Anfangsstadium ergänzt durch Übungen in Zweier-, Dreier- und Vierergruppen in der Mittellage.

ÜBUNG 12

(Aus: M. García)

114

ÜBUNG 13

(Aus: M. García)

Diese Übungen führen zu einer natürlichen Beweglichkeit der Stimme. Durch das schrittweise Verlängern der Phrasen wird unmerklich der Atemeinsatz sparsamer, der Atem länger, bis sich mit der Zeit in fortgeschrittenem Stadium jene Ökonomie des Atems einstellt, die den energiereichsten und damit den vollsten Klang mit kleinstem Aufwand erzielt. Wichtig ist, dass die Übungen, ob langsam oder schnell, stets einwandfrei richtig im Rhythmus, mit genau durchgezählten Pausen ausgeführt werden. Nur dann stellt sich die erwünschte Elastizität im Tonansatz und in der Atemkontrolle ein.

Repertoire

Zu *Körperhaltung, Atemfunktion, Intonation*

KOMPONISTEN UND WERKE		SOPRAN			MEZZO/ALT			TENOR			BARITON/BASS		
		1	2	3	1	2	3	1	2	3	1	2	3
Anonym	Cancion de cuna (el gurrumino)	•			•								
Anonym	Come, let's be merry					•		•				•	
	False Phillis							•				•	
	The slighted swain	•				•		•				•	
Anonym	Occhi de l'alma mia											•	
	Amar il caro bene						•			•			
	Care mie selve						•			•			•
Bach, Carl Philipp Emanuel	Der Frühling		•			•			•			•	
	Der Phönix		•			•			•			•	
	Gottes Größe in der Natur		•			•			•			•	
Bartlet, John	A pretta, pretty ducke	•											
	If there be anyone	•						•					
	What thing is love							•			•		
	When from my love I lookte							•			•		
Bassa, José	Minué cantado	•				•		•				•	
	Seguidilla dolorosa de una enamorada					•							
Bassani, Giovanni Battista	Dormi, bella, dormi tu?									•			•
Bataille, Gabriel	Qui veut chasser une migraine	•				•		•				•	
	Eau vive, source d'amour	•				•		•				•	
Brahms, Johannes	Deutsche Volkslieder		•			•		•				•	
	Eine gute, gute Nacht				•					•			
	Meine Lieder				•				•				•
	Mein wundes Herz				•				•				•
	Sonntag				•				•				•
	Vorschneller Schwur				•				•				•
Buzzoleni, Giovanni	Non fuggirai		•			•		•				•	

KOMPONISTEN UND WERKE		Stimmgattungen und Schwierigkeitsgrade											
		SOPRAN			MEZZO/ALT			TENOR			BARITON/BASS		
		1	2	3	1	2	3	1	2	3	1	2	3
Byrd, William	I thought that love had been a boy	•			•			•			•		
	My mind to me a kingdom is	•			•			•			•		
Caccini, Giulio	Al fonte, al prato	•			•			•			•		
	Amarilli	•			•			•			•		
	Amor, ch'attendi	•			•			•			•		
	Belle rose purpurine	•						•					
	Non piàngo e non sospiro					•						•	
	Occhi immortali	•			•			•			•		
Caldara, Antonio	Alma nel core	•			•			•			•		
	Sebben crudele		•			•			•			•	
Cavalli, Pietro Francesco	Delizie contente che l'alma beate	•			•			•					
	Dolce amor, bendato dio		•						•				
Devienne, François	Dans l'asile de l'innocence	•			•			•					
Dowland, John	A shepherd in a shade	•			•			•			•		
	By a fountain where I lay	•			•			•			•		
	Clear and cloudy	•			•			•			•		
	Come again! Sweet love doth now invite	•			•			•			•		
Falconieri, Andrea	Bella porta di rubini	•			•			•			•		
	O bellissimi capelli							•			•		
	Segui, segui dolente core	•			•			•			•		
Hammerschmidt, Andreas	Glückselig Rosilis	•			•			•			•		
Hasse, Johann Adolf	La tua virtù mi dice		•										
	Ritornerai fra poco		•										
	Slave Regina					•							
Lambert, Michel	Vous ne sauriez, mes yeux	•											
Lanier, Nicholas	The Marigold	•			•			•			•		
Lawes, Henry	Beauty and love	•			•			•			•		
	Bid me but live	•			•			•			•		
Misón, Luis	Seguidilla dolorosa de una enamorada		•			•							

KOMPONISTEN UND WERKE		Stimmgattungen und Schwierigkeitsgrade											
		SOPRAN			MEZZO/ALT			TENOR			BARITON/BASS		
		1	2	3	1	2	3	1	2	3	1	2	3
Rüdiger, Adolf	Aus *Stimmbildung im Lied: Volkslieder*	•			•			•				•	
Scarlatti, Antonio	*Cara e dolce*	•			•			•				•	
	Difesa non ha	•			•			•				•	
	Già mai	•						•					
	Io dissi					•			•			•	
	Pòvera pellegrina		•										
	Voglio amar		•			•			•			•	
Schubert, Franz	*An die Laute*			•					•		•		•
	Das Rosenband			•					•		•		•
	Der Jüngling am Bache			•					•		•		•
	Der liebliche Stern		•						•				
	Der Schmetterling		•								•		
	Lachen und Weinen		•						•		•		•
	Lob der Thränen		•						•		•		•
	Minnelied										•		•
Schumann, Robert	Aus *Myrten*, op. 25: *Aus den östlichen Rosen*		•						•		•		•
	Der Himmel hat eine Träne geweint		•						•		•		•
	Der Zeisig		•			•			•			•	
	Die Lotosblume		•						•		•		•
	Die Meerfee		•								•		
	Erstes Grün		•						•		•		•
	Jasminstrauch		•										
	Jemand		•						•				
	Meine Töne still und heiter										•		•
Selle, Thomas	*Amarilli, du schönstes Bild*	•			•			•					

Funktion der Sprache – Ansatzpunkte und Training der Aussprache

Dem Bereich der Aussprache wurde von den Italienern von jeher größte Bedeutung beigemessen. Quintilian spricht in seiner *Institution oratoria* davon, dass Sänger und Redner nicht nur von den Vociferari, die die Stimmkraft schulten, und den Vocales, die die Beweglichkeit der Stimme bildeten, sondern auch von den Phonasci, den Lautlehrern, besonders erzogen wurden. Tosi empfiehlt langes Training auf den Solmisationssilben vor intensiven Gesangübungen: *Non si stanchi il maestro di far solfeggiar lo scolaro […] se mai lo facesse vocalizzar primo del tempo non sa instruire.* Vokalreinheit war oberstes Gesetz bei den Belcantolehrern des 17. und des 18. Jahrhunderts. Die Tatsache, dass bis heute die Italiener den Hauptanteil an schönen Gesangstimmen stellen, ist nicht allein auf ihre sangbare Sprache zurückzuführen, sondern auf die konsequente und minuziöse Schulung, mit der sie die Anwendung dieser Sprache erlernen. So klingen Schumann-Lieder, von dem jungen römischen Bassbariton Renato Girolami gesungen, in italienisch-warmem Timbre und doch in Wort für Wort klarem Deutsch, so bringt die großartige Milva es fertig, selbst das Wort »Lüdenscheid« mit makellosem ü, e und ei, plastischem l und d, weichem n und rauschendem sch wie ein *Ave Maria* auszusprechen.

Zunächst muss der Sänger lernen, die Ansatzpunkte für die Sprache zu finden. Durch möglichst präzise Artikulation an den richtigen Ansatzstellen kann eine klare Sprachformung erreicht werden, ohne die Idealstellung des Ansatzrohres zu beeinträchtigen. Diese Idealstellung wiederum ist entscheidend für den Durchlass einer möglichst großen Zahl von Obertönen und damit verbunden für einen optimalen Klangausgleich. Die Artikulation findet im Bereich von Kiefer, Gaumen und Mund statt; beteiligt sind Zungenwurzel, -rücken und -spitze, Zähne, Lippen und die Ringmuskeln des Mundes. Durch intensive Übungen muss das Bewusstsein für diese Artikulationsstellen geschult werden. Zunächst empfiehlt es sich, wie der Tenor Gigli anregte, täglich mit einigen Übungen Zungenwurzel, Kiefer und Mundbereich zu lockern:

ÜBUNG 1
Oberkiefer ruhig halten, Unterkiefer zehnmal auf- und zuklappen, Zunge dabei, leicht an untere Zähne gelehnt, ruhig liegen lassen.

ÜBUNG 2
Aus derselben Grundstellung den leicht geöffneten Unterkiefer einmal seitlich nach rechts und nach links schieben.

ÜBUNG 3

Bei leicht geöffnetem Mund zehnmal Zunge so weit wie möglich vorstrecken, dann locker in den Mund zurückfallen und liegen lassen.

ÜBUNG 4

Zunge im Gaumen zurückrollen und dann heftig gegen die oberen Zähne vorschnellen lassen. Gesichtsmuskel ruhig halten. Bis zu zehnmal wiederholen.

ÜBUNG 5

Mit der Zungenspitze die Lippen in möglichst großem Bogen umkreisen, fünfmal nach rechts, fünfmal nach links. Leichtes Gähnen zwischen den Übungen lockert die Kieferwurzeln.

Grundsätzlich ist bei der Schulung der Aussprache zwischen Vokalen und Konsonanten zu unterscheiden. Die Vokale sind in sich unterteilt in helle (e, i), gemischte (ä, ö, ü) und dunkle (a, o, u), jede dieser Gruppen wiederum in kurze und lange, dunkle und helle. Um die Vielfalt der Vokallaute präzise zu erkennen und zu trainieren, empfiehlt sich ein häufiges, leicht singendes Durchsprechen der diesbezüglichen Abschnitte in Julius Heys *Kleinem Hey* (*Barbara saß nah am Abhang …*).

Ebenso soll der Sänger die verschiedenen Stellungen des Zungenrückens (siehe Abb. unten) bei den jeweiligen Vokalen kennen.

ÜBUNG 6 A

Auf ausgehaltenem Ton in der Mittellage leicht und klar folgende Vokalreihen durchsprechen, dabei Zungenstellung beachten, aber nicht übertreiben:

a e e i ü o u
a e e o o ö ü u i e e a

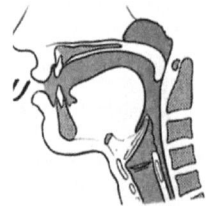 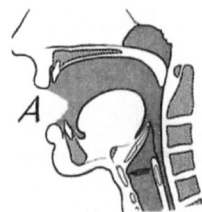 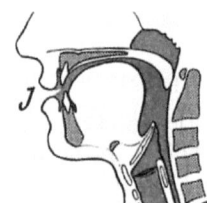

Zungenstellung bei der Vokalbildung; nach Scheminzky (aus: G. Habermann)

Niemals darf sich dabei die Zungenwurzel verkrampfen. Die Reinheit des Vokalklanges soll durch möglichst geringfügige Veränderungen im Rachenraum (Ansatzrohr) erfolgen. Danach folgen leichte Intervallübungen in Terzen und Quarten in der Mittellage mit wechselnder Vokalreihe.

ÜBUNG 6 B

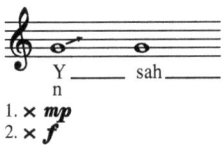

Zunächst »nnnn« sanft, *piano* hinter den oberen Zähnen summen, so breit, wie man den Gaumenbogen fühlt: es schwingen nur die Ränder der Stimmbänder. Danach »sah« *forte* in der gleichen Mundstellung singen, nun schwingen beide Stimmbänder.

ÜBUNG 7

Anschließend wird diese Übung erweitert. Auf jedem Ton werden drei Vokale gesungen, wobei versucht wird, die Stellung des Ansatzrohres wie beim Grundvokal beizubehalten.

ÜBUNG 8

auch punktiert:

Wichtig ist es, eine optimale Reinheit der Vokale durch möglichst geringfügige Veränderung der Idealform des Ansatzrohres zu erzielen.

Die Konsonanten werden einerseits unterteilt nach Klanganteil, anderseits nach ihrem Artikulationsort:

I *bilabial:* Lautbildung durch Ober- und Unterlippe (b), (p), (m)

   labiodental: Lautbildung durch Unterlippe mit oberen Schneidezähnen (f), (w)

II *dental:* Lautbildung durch Zungenspitze mit oberen Schneidezähnen (s), (z), (l), (r)

   alveolar (Alveoli = Zahnfächer): Lautbildung zwischen Zungenspitze und Gaumenrand (t), (d), (n)

III *palatal* (Palatum = Gaumen): Lautbildung zwischen Zunge und hartem Gaumen (ch = *ich*), (sch), (tsch)

IV *velar* (Velum = Gaumensegel): Lautbildung zwischen Zunge und weichem Gaumen (k), (g)

   glottal (Glottis = Kehlkopf): Lautbildung in Stimmritze (h)

(Aus: G. Habermann, verändert nach Haefliger)

Zu diesen Gruppen gehören folgende Artikulationsorte:

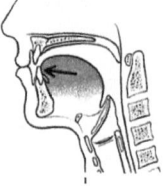 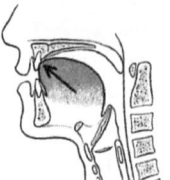 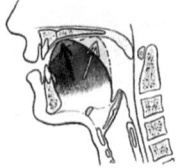

I = bilabial   II = dental und alveolar   III = palatal   IV = velar

Nach Lullies (aus: G. Habermann)

Diese Artikulationsorte sollte sich der Sänger durch regelmäßiges, kurzes tägliches Training vergegenwärtigen und einen blitzschnellen richtigen Ansatz jedes Konsonanten sichern. Es ist ein Irrtum, angesichts der Bedeutung der Vokale für die Klangeinheit die Wichtigkeit der Konsonanten zu unterschätzen, die zwar niemals überdeutlich »gespuckt« werden oder durch übertriebene Mundstellung den Klangfluss hemmen dürfen, die jedoch, wie Horst Coblenzer definiert, die Bedeutung von Masten haben, die Hochleistungsdrähte stützen: sie tragen und artikulieren das Klanggefüge.

Neben dem obenerwähnten Sprachtraining nach dem *Kleinen Hey* (siehe S. 120) empfehlen sich folgende tägliche Sprech- und Tonübungen mit präzise wechselndem Artikulationsansatz:

Nellie Melba
(1861–1932) als
Violetta in
La Traviata von
Giuseppe Verdi

ÜBUNG 9
ta–da–ga (alveolar hart, alveolar weich, velar)
ga–da–ta / da–ta–ga
la–da–la (dental–alveolar–dental)

ÜBUNG 10

bla – ble – bli – blo – blu – blah
tra – tre – tri – tro – tru – trah
gla – gle – gli – glo – glu – glah

Auf wiederholten Tönen fünfmal durchsingen

Ebenso

die Mi-te die Me-te die Ma-te die Mo-te die Mu-te–mah

Durch dieses regelmäßige Artikulationstraining werden die Beweglichkeit und
die Sprechbereitschaft von Zunge, Lippen und Kiefer erzielt.

123

Repertoire

Zu *Funktion der Sprache – Ansatzpunkte und Training der Aussprache*

KOMPONISTEN UND WERKE		Stimmgattungen und Schwierigkeitsgrade											
		SOPRAN			MEZZO/ALT			TENOR			BARITON/BASS		
		1	2	3	1	2	3	1	2	3	1	2	3
Arne, Dr. Th. A.	*The echoing horn* (Duncan)							•			•		
	We all love a pretty girl (Hatt. & Fann.)	•			•			•			•		
Bartlet, John	*Of all the birds that I do know* (Fellowes 40)	•			•			•			•		
Bizet, Georges	Aus *Carmen:* *L'amour est un oiseau rebelle*						•						
Boito, Arrigo	Aus *Mefistofele:* *Ave signor*												•
	Sono lo spirito che nega												•
Bononcini, Giovanni	*Si che fedele*	•											
Brahms, Johanns	*O liebliche Wangen*		•				•	•		•			•
	Tambourliedchen		•			•			•			•	
	Vergebliches Ständchen		•			•			•			•	
	Willst du, daß ich geh?					•			•			•	
	Aus *Zigeunerlieder* op. 103: *Röslein dreie*		•			•			•			•	
Busatti, Cherubino	*Pupillette*	•						•					
Cavalli, Pietro Francesco	*Affè mi fate ridere*	•			•			•					
	Donzelle fuggite	•			•			•				•	
	Son ancor pargoletta	•			•								
Cimarosa, Domenico	Aus *I finti Nobili:* *Che terrore, che paura*		•			•							
	Aus *Il Matrimonio Segreto:* *E vero che in casa io sono padrone*		•			•							
	Perdonate signor mio		•										
	Pria che spunti in cielo									•			
	Udite tutti, udite											•	
	Se lo specchio											•	

KOMPONISTEN UND WERKE		Stimmgattungen und Schwierigkeitsgrade											
		SOPRAN			MEZZO/ALT			TENOR			BARITON/BASS		
		1	2	3	1	2	3	1	2	3	1	2	3
	Aus *Il Falegname*: Mio signor											•	
Debussy, Claude	*Ballade des femmes de Paris*					•							
	Eventail		•										
	La flute de Pan		•			•							
Donizetti, Gaetano	Aus *Don Pasquale*: Ah un foco insòlito												•
Dowland, John	*Shall I strive with word to move?* (Dowland 50)							•			•		
	Shall I sue? (Dowland 50)							•			•		
Durante, Francesco	*Danza, danza fanciulla gentile*							•			•		
Falconieri, Andrea	*Non più d'amore*	•			•			•			•		
	Nudo arciere	•			•			•			•		
Flotow, Friedrich v.	Aus *Martha*: Jägerin, schlau im Sinn					•							
Gounod, Charles	Aus *Faust*: Vous qui faites l'endormir												•
Haydn, Joseph	Aus *Der Apotheker*: Diese Püppchen											•	
Lortzing, Albert	Aus *Zar und Zimmermann*: O sancta justitia											•	
Mozart, Wolfgang Amadeus	Aus *Così fan tutte*: In uomini, in soldati		•										
	Una donna a quìndici anni		•										
	Donne mie, la fatte a tanti											•	
	Aus *Le nozze di Figaro*: Non so più		•			•							
	La vendetta, oh la vendetta												•
	Non più andrai												•
	Se vuol ballare												•
Poulenc, Francis	*Chanson du clair Tamis*		•			•			•				
	Aus *Chanson Villageoises*: Les gars qui vont à la fête		•			•			•				

125

KOMPONISTEN UND WERKE		Stimmgattungen und Schwierigkeitsgrade											
		SOPRAN			MEZZO/ALT			TENOR			BARITON/BASS		
		1	2	3	1	2	3	1	2	3	1	2	3
Rossini, Gioacchino	Chanson de la fille frivole		•			•			•				
	Le retour du sergent		•			•			•				
	La danza (Tarantella)								•				
	Anzoleto co passa la regata	•							•				
	Aus *Il barbiere di Siviglia*: Il vecchiotto cerca moglie						•						
	La Calunnia												•
	A un dottore											•	
	Largo al factotum												•
	Aus *La Cenerentola*: Mi sognai fra il fosco e il chiaro											•	
Scarlatti, Pietro Alessandro	Chi vuole innamorarsi	•						•					
	Rugiadose, odorose	•				•		•			•		
	Su, venite a sonsiglio					•		•			•		
Schubert, Franz	Rastlose Liebe		•				•		•				•
	Fischerweise		•						•				
	Der Einsame		•			•			•			•	
	Der Musensohn		•			•			•			•	
	Der Schiffer									•			•
	Die Forelle			•			•			•			•
	Frühlingssehnsucht			•			•			•			•
	Über Wildemann									•			•
	Aus *Die schöne Müllerin*: Der Jäger									•			•
	Eifersucht und Stolz									•			•
	Die böse Farbe									•			•
	Aus *Die Winterreise*: Rückblick									•			•
	Die Post									•			•
Schumann, Robert	Aus *Dichterliebe*: Die Rose, die Lilie									•			•
	Aus alten Märchen									•			•
	Aus *Liederkreis Nr. 12*: Frühlingsnacht			•			•			•			•

KOMPONISTEN UND WERKE		SOPRAN			MEZZO/ALT			TENOR			BARITON/BASS		
		1	2	3	1	2	3	1	2	3	1	2	3
	Aufträge			•						•			
	Der Contrabandiste												•
	O wie lieblich ist das Mädchen			•						•			
	Venezianisches Lied Nr. 1									•			•
	Der Sandmann		•										
	Aus *Frauenliebe und -leben:* *Ich kann's nicht fassen, nicht glauben*				•		•						
	An meinem Herzen, an meiner Brust						•						
Verdi, Giuseppe	Aus *Un ballo in maschera:* *Saper vorresti*				•								
	Aus *Rigoletto:* *Questa o quella*								•				

Stimmgattungen und Schwierigkeitsgrade

Stimmausgleich, Messa di voce, Legato

Durch regelmäßiges Training der im Kapitel *Körperhaltung, Atemfunktion, Into-*
nation genannten Übungen (siehe S. 109ff.) wird es meist sehr bald möglich,
diese Tongruppen, wie von García vorgesehen, auf eine Oktave oder Dezime
zu erweitern. Dabei wird regelmäßig der Übergang von der tiefen über die
mittlere in die hohe Stimmlage gefordert. García sagt hierzu: *Folgende Übun-*
gen erheischen oft den Übergang aus dem Register der Bruststimme in jenes der
Kopfstimme und umgekehrt, m a n v e r m e i d e i h n n i c h t.

Zunächst auf dem für den Schüler leichtesten Vokal, dann auf allen Vokalen zu üben!
(Aus: M. García)

Als leichtes Training für den Wechsel von einer Stimmlage in die andere sollte
folgende Übung ergänzend zu den obengenannten Übungen von García täglich zwei- bis dreimal ausgeführt werden:

ÜBUNG 1

→ Hohe Stimmen → Tiefe Stimmen

Leichtes »Schleifen« der Stimme von oben nach unten über eineinhalb bis zwei Oktaven und geringes Verstärken des Atemdrucks beim Herunterkommen.

Der Übergang von tiefer zu hoher Stimmlage vollzieht sich nach heutigen wissenschaftlichen Erkenntnissen durch den Übergang aus der Vollschwingung der Stimmlippen in die Randschwingung. Die sogenannte Mittellage bezeichnet den Bereich, in dem der Ton durch Schwingungen der mittleren Muskelpartien der Stimmlippen entsteht. Das Ziel, eine in allen Lagen ausgeglichene Stimme zu erarbeiten, ist die wichtigste Aufgabe jeder Sängerausbildung. Dabei müssen die Randschwingungen der hohen Stimmlage auch in der Vollschwingung enthalten sein; sie bilden jenen gleichbleibenden, strahlenden Kern der Stimme, der zu dem Ausdruck »Einregister« geführt hat. Das Problem des Registerübergangs, durch zuviel Theoretisieren und durch Schreckgespenste wie Registerbruch, Registerdivergenz und ähnliches zu einem bedrohlichen, oft unüberwindbar scheinenden Hindernis gestaltet, vereinfacht sich durch die Erkenntnis, dass die natürliche Stimme in einem einzigen Register mit verschieden großem Muskelanteil singt und dass der Übergang dieser Muskeltätigkeit trainiert werden muss. Garcías einfache Weisung *man vermeide ihn* [den Übergang von einer Stimmfunktion in die andere] *nicht*, tut hier Wunder. Nichts ist wichtiger, als dass der Sänger sich daran gewöhnt, möglichst oft und mühelos von einer Stimmfunktion zur anderen zu wechseln. Ähnlich einem guten Autofahrer, der, wo immer erforderlich, sofort in einem niedrigeren oder höheren Gang schaltet und damit den Motor schont, vermeidet der Sänger durch richtige Anpassung der Stimmbandtätigkeit an hohe, mittlere oder tiefe Lage eine Überanstrengung seines Stimmorgans. Insbesondere bei tiefen Frauenstimmen muss vermieden werden, dass die Vollstimme zu hoch hinaufgezogen wird, während bei hohen Frauenstimmen die Ergänzung der Randstimmfunktion durch die Kräftigung der Mittelstimme angestrebt wird.

Der möglichst unhörbare Übergang von einer Stimmfunktion in die andere wird durch ein intensives Training der verschiedenen Muskelbereiche der Stimmbänder und der daraus resultierenden Kontrolle erzielt. Da die Stimmbandschwingung sich nicht nur je nach Tonhöhe, sondern auch je nach Tonstärke verändert, kann diese Kontrolle am sichersten durch nahtlos schattierten Wechsel von Piano- zu Fortetönen und umgekehrt erlernt werden. Diese Schwelltöne, von den Italienern Messa di voce genannt und frühzeitig als wichtigstes Stimmbildungsmittel erkannt, sind bis heute Grundstein jeder sorgfältigen Gesangausbildung. Sobald die Stimme in der Mittellage sicher und rein intoniert wird und die Grundfunktionen der Atemführung begriffen sind, werden schrittweise Crescendo- und Decrescendoübungen in der Übergangslage trainiert:

129

ÜBUNG 2

Jeweils auf allen Vokalen

Dann werden Schwelltöne in der Mittellage jeweils auf einer Reihe von Vokalen gesungen.

Nach jedem Ton den Atem ruhig einströmen lassen:

ÜBUNG 3

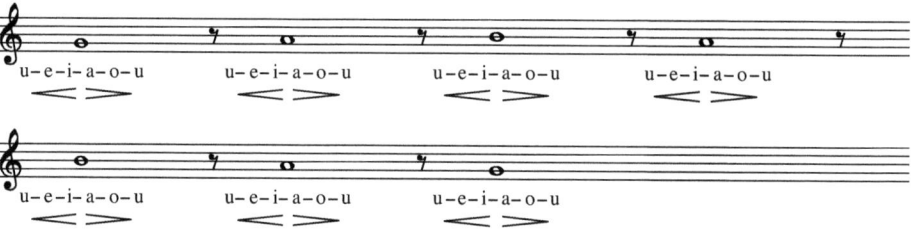

Mit der Zeit werden die Schwelltöne zur Tonleiter ergänzt, zur sogenannten Scala tenuta, die den auf die Gesundheit seiner Stimme achtenden Sänger sein Leben lang begleiten wird:

ÜBUNG 4

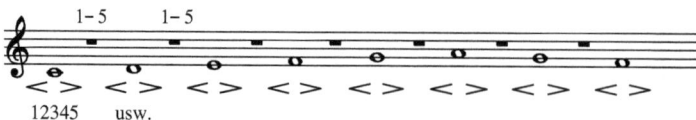

A Chorus of Singers or The Oratorio. Anonyme Radierung nach William Hogarth (1732). Die Inschrift lautet: *An oratorio or Sacred Drama by William de Fesch.*

Diese Tonleiter wird bis zu einEinhalb Oktaven von c bis g' ergänzt und jeweils auf jedem Vokal gesungen. Die untere Bauchmuskulatur reguliert das stufen-lose An- und Abschwellen des Atemstroms. Das Crescendo soll nicht zu groß sein. Größte Aufmerksamkeit wird auf ein nahtloses, nie abreißendes Decres-cendo bis zum Pianissimo gelegt, das nie verhaucht, sondern bis zuletzt auf vollem Atemstrom gesungen wird. Im Pianissimo verengt sich die Stimmritze zu einer minimalen Öffnung. Nur völlig elastische Randstimmtätigkeit und ideale Atemsteuerung ermöglichen hier eine gleichmäßige Weiterführung des Tones. Als Ergänzung und Lockerung zur Scala-tenuta-Übung ebenso wie als Vorbereitung für Staccatoübungen kann folgende Übung auf allen Vokalen aus-geführt werden:

ÜBUNG 5

Bei jedem neuen Tonansatz muss die gleiche Atemstellung eingenommen und der kurze Druck der unteren Bauchmuskulatur bei dem Staccatoton präzise ausgeführt werden.

Nachdem durch unermüdliches Messa-di-voce-Training – laut H. Klein besteht *guter Gesang aus einer fortwährenden Messa di voce* – die Stimmführung in allen Übergangslagen geschmeidig und kontrollierbar, der Kern der Stimme durch das Beibehalten der Randschwingung in allen Stimmlagen einheitlich geworden ist, sollten auch Legatoübungen keine Schwierigkeiten mehr bereiten. Legato, die edelste Form des Gesangs, bedeutet nichts anderes als ein nahtloses Verbinden der Töne durch einheitlichen Klang. Wichtig sind dabei der unhörbare Übergang der Stimmbandfunktionen und der gleichbleibend reine Klang der Vokale. Beim Höhergehen stellt man sich eine Kuppel als obersten Teil des Ansatzrohres vor, wodurch der Vokal leicht abgedunkelt – *coperto* – klingt und gleichzeitig zu offenes, flaches Singen in der Höhe vermieden wird. Der Sänger muss das Gefühl haben, als folge seine Stimme bei dieser Übung der Wölbung eines gotischen Doms bis in die oberste Spitze und wieder hinunter. Der jeweils letzte Ton vor und der erste Ton nach dem Spitzenton ist besonders sorgfältig und mit viel Randschwingung anzusetzen.

ÜBUNG 6

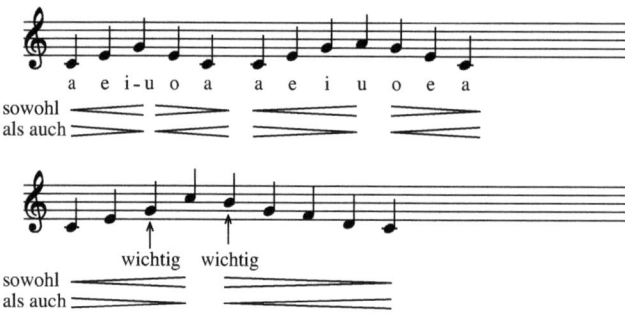

Die Atemstütze muss mit dem Höhergehen des Tons immer tiefer (siehe Pfeile) gehalten werden, beim höchsten Ton im Kreuzwirbel und breit bis in die Hüftmuskeln zu spüren sein.

Repertoire

Zu *Stimmausgleich, Messa di voce, Legato*

KOMPONISTEN UND WERKE		Stimmgattungen und Schwierigkeitsgrade											
		SOPRAN			MEZZO/ALT			TENOR			BARITON/BASS		
		1	2	3	1	2	3	1	2	3	1	2	3
Bach, Johann Sebastian	Aus der Messe h-Moll: *Agnus Dei*						•						
	Aus *Matthäuspassion*: *Am Abend, da es kühle ward*												•
	Aus Kantate Nr. 21: *Ich hatte viel Bekümmernis*			•									
	Seufzer, Tränen			•									
	Aus Kantate Nr. 85: *Ich bin ein guter Hirt*									•			
	Seht, was die Liebe tut									•			
Blacher, Boris	*Eine Amsel dreizehnmal gesehen* (Zyklus)		•						•				
Brahms, Johannes	*An ein Veilchen*			•			•			•			•
	Anklänge			•			•			•			•
	Feldeinsamkeit			•			•			•			•
	Geheimnis			•						•			
	In Waldeseinsamkeit			•			•			•			•
	O kühler Wald						•						•
Cimarosa, Domenico	Aus *I Nemici Generosi*: *Fanciulla sventurata*		•										
	Resta in pace, ìdolo mio		•			•							
	Aus *Il Fanatico per gli Antichi Romani*: *Tengo la palettella*		•										
Copland, Aaron	Aus *The Tender Land*: *Once I thought I'd never grow tall*			•									
Donizetti, Gaetano	Aus *L'Elisir d'Amore*: *Una furtiva làgrima*									•			
Egk, Werner	*Chanson*			•						•			
Einem, Gottfried v.	Aus *Fünf Lieder aus dem Chinesischen*, op. 8: *In der Fremde*					•			•			•	

KOMPONISTEN UND WERKE		Stimmgattungen und Schwierigkeitsgrade											
		SOPRAN			MEZZO/ALT			TENOR			BARITON/BASS		
		1	2	3	1	2	3	1	2	3	1	2	3
	Abend					•			•			•	
Gluck, Christoph Willibald	Aus *Elena e Paride*, Parisotti: *O del mio dolce ardor*		•			•			•			•	
	Aus *Alceste*: *Je n'ai jamais chéri la vie*		•			•							
	Aus *Iphigénie en Aulide*: *Il faut de mon destin subir la loi*			•			•						
Händel, Georg Friedrich	Aus *Admeto*: *Luci care*		•										
	Aus *Atlanta*: *Care selve*		•										
	Aus *Amadigi*: *Ah! Spietato!*					•						•	
	Aus *Rinaldo*: *Lascia ch'il piànga*					•							
	Aus *Scipione*: *Ombra cara*					•							
	Aus *Arminio*: *Vado a morir*											•	
	Aus *Theodora*: *Angels ever bright and fair*		•										
	Aus *Belshazzar*: *Great God! Who yet but darkly nown*					•							
	Aus *Messiah*: *He was despised*					•							
	Behold and see								•				
	The people that walked in darkness											•	
	Aus *Xerxes*: *Ombra mai fu*								•				
Liebermann, Rolf	*Chinesische Liebeslieder*		•			•			•			•	
Lully, Jean-Baptiste	Aus *Amadis*: *Bois épais*								•			•	
Mahler, Gustav	Aus *Rückert-Lieder*: *Ich atmet' einen linden Duft*			•						•		•	
	Liebst du um Schönheit							•					•
	Aus *Kindertotenlieder*: *Nun seh' ich wohl, warum so dunkle Flammen*			•			•						
	Aus *Lieder eines fahrenden Gesellen*: *Die zwei blauen Augen*							•					•

KOMPONISTEN UND WERKE		Stimmgattungen und Schwierigkeitsgrade											
		SOPRAN			MEZZO/ALT			TENOR			BARITON/BASS		
		1	2	3	1	2	3	1	2	3	1	2	3
	Wo die schönen Trompeten blasen						•						•
Massenet, Jules	Aus *Manon*: En fermant les yeux									•			
	Aus *Le Cid*: Plus de tourments			•									
Menotti, Gian Carlo	Aus *The Consul*: I shall find for you shells and stars						•						
	Aus *Amelia Goes to the Ball*: While I waste these precious hours			•									
Monteverdi, Claudio	Aus *Il Balletto delle Ingrate*: Ahi, troppo e duro						•			•			•
	Aus *Lamento d'Arianna*: Lasciatemi morire						•						•
Mozart, Wolfang Amadeus	Aus *Die Zauberflöte*: Ach ich fühl's			•									
	O Isis und Osiris												•
	Aus *Le nozze di Figaro*: Voi che sapete		•			•							
	Pòrgi amor			•									
	Deh vieni non tardar			•									
	Aus *Così fan tutte*: Un'aura amorosa									•			
	Aus *Don Giovanni*: Dalla sua pace									•			
	Aus *Idomeneo*: Torna la pace al core									•			
	Idol mio, se ritroso altro			•									
	Zèffiretti lusinghieri			•									
	Aus *Il Rè Pastore*: L'amerò, sarò constante			•									
	Io ti lascio (Konzertarie)						•						•
Peri, Jacopo	Aus *Euridice*: Nel puro ardor	•			•			•			•		
	O miei giorni fugaci				•			•			•		
Scarlatti, Alessandro	La tua gradita fé	•			•			•			•		
	O dolcissima speranza	•			•			•			•		

Stimmgattungen und Schwierigkeitsgrade

KOMPONISTEN UND WERKE		SOPRAN 1	SOPRAN 2	SOPRAN 3	MEZZO/ALT 1	MEZZO/ALT 2	MEZZO/ALT 3	TENOR 1	TENOR 2	TENOR 3	BARITON/BASS 1	BARITON/BASS 2	BARITON/BASS 3
	Pòvera pellegrina	•											
	Quanto peni, anim mia	•				•		•				•	
Schoeck, Othmar	Ravenna						•					•	
	Nachruf		•				•		•			•	
Schubert, Franz	Dass sie hier gewesen			•			•			•			•
	Nachtstück			•			•			•			•
	Nachtviolen			•						•			
	Litaney			•			•			•			•
	Der Tod und das Mädchen						•						
	Jägers Abendlied			•			•			•			•
	Nacht und Träume						•			•			•
	Die Gebüsche			•			•			•			•
	Aus Wanderers Nachtlied: Der du von dem Himmel bist			•			•			•			•
	Über allen Gipfeln			•			•			•			•
Schumann, Robert	Mondnacht			•			•			•			•
	An die Türen will ich schleichen												•
	Mein schöner Stern			•			•			•			•
	Stille Tränen			•			•			•			•
Secchi, Antonio	Lungi dal caro bene	•				•		•				•	
Strauss, Richard	Ach, Lieb, ich muss nun scheiden			•			•			•			•
	Am Ufer						•			•			•
	Die Nacht			•			•			•			•
	Glückes genug			•			•			•			•
	Du meines Herzens Krönelein			•			•			•			•
	Freundliche Vision			•			•			•			•
	Frühling			•						•			
	Mein Herz ist stumm			•						•			
	Nachtgesang			•			•						•
	Von dunklem Schleier umsponnen			•									
Verdi, Giuseppe	Aus Falstaff: Sul fil d'un soffio etesio			•									

KOMPONISTEN UND WERKE	Stimmgattungen und Schwierigkeitsgrade											
	SOPRAN			MEZZO/ALT			TENOR			BARITON/BASS		
	1	2	3	1	2	3	1	2	3	1	2	3
Del labbro il canto estasiato									•			
Aus *La traviata:* *Addio del passato*			•									
Aus *Otello: Ave Maria*			•									

Umfang, Volumen, Geläufigkeit und Virtuosität

Mit dem Training der Atemstütze und der Beherrschung der Stimmfunktionen stellt sich meist von alleine ein natürliches Vibrato ein, das das eigene, unverwechselbare Timbre der Stimme betont. Niemals darf das Vibrato ausarten in ein Tremolo, das, im Gegensatz zum Vibrato, Anzeichen für eine unkontrollierte Atemführung ist, oder in ein »Meckern«, das eine Folge zu hoch geführten Atems oder zu hellen Vokalisierens ist und sich als sogenannte Voce di capra äußert. Bei der Entwicklung von Umfang, Geläufigkeit und Volumen der Stimme sollte stets darauf geachtet werden, dass das eigene Stimmtimbre voll erhalten bleibt und an Strahlkraft zunimmt. Alles in den vorhergegangenen Ausbildungsabschnitten Erworbene muss bewusst erhalten und weiter kontrolliert werden. Niemals dürfen bei Steigerung von Umfang und Volumen Ermüdungserscheinungen auftreten. Bei richtigem Einsatz der Atemstütze werden mit geringstem Kraftaufwand sowohl Trag- wie Resonanzfähigkeit der Stimme optimal gesteigert, bei einwandfreier Randstimmfunktion kann die Stimme schrittweise in einheitlichem Klang bis zu ihrem vollen Umfang erweitert werden.

Als erster Schritt zum Training von Geläufigkeit und Umfang werden die Übungen aus *Körperhaltung, Atemfunktion, Intonation* (siehe S. 109ff.) ergänzt und erweitert:

ÜBUNG 1

(Aus: M. García)

ÜBUNG 2

(Aus: M. García)

ÜBUNG 3

(Aus: M. García)

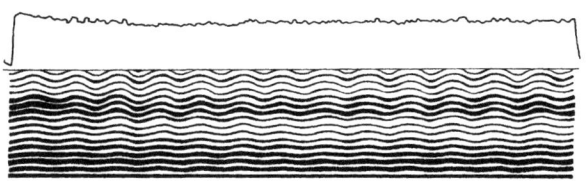

Sonagramm: Vibrato eines Tenors mit regelmäßigen, im Ausmaß begrenzten Frequenzschwankungen; nach Pommez (aus: G. Habermann)

Sonagramm: Tremolo eines Tenors. Die Frequenzschwankungen sind nicht mehr so gleichmäßig wie beim Vibrato; nach Pommez (aus: G. Habermann)

ÜBUNG 4

(Aus: M. García)

Die Übungen sollen auf allen Vokalen unter genauer Beachtung der Portamento- und Crescendoanweisung und in genauem Rhythmus gesungen werden. Stufenweise wird versucht, die Atemphrase zu verlängern, das Tempo zu kürzen. Jeder Ton muss jedoch immer klar erkennbar bleiben. Durch viel Randstimmmischung bleibt der Stimmklang einheitlich.

ÜBUNG 5

(Aus: M. García)

139

ÜBUNG 6

(Aus: M. García)

Gleichzeitig werden mit folgenden Übungen der Stimmumfang sachte erweitert und der Übergang der Stimmfunktion trainiert:

ÜBUNG 7

(Aus: M. García)

Je nach stimmlicher Veranlagung werden die Übungen zunächst nur von unten nach oben oder von oben nach unten ausgeführt. Sie sollen nur bis zu dem erreichbaren Umfang gesungen werden. Es empfiehlt sich besonders für hohe Stimmen, diese Übungen oft mit Bocca chiusa, mit fast geschlossenem Mund, in Summstimme auf o zu singen, wodurch die Randstimmtätigkeit gekräftigt wird. Beherrscht der Sänger diese Übung, kann die Bewältigung von zwei Oktaven angegangen werden.

ÜBUNG 8

(Aus: M. García)

ÜBUNG 9

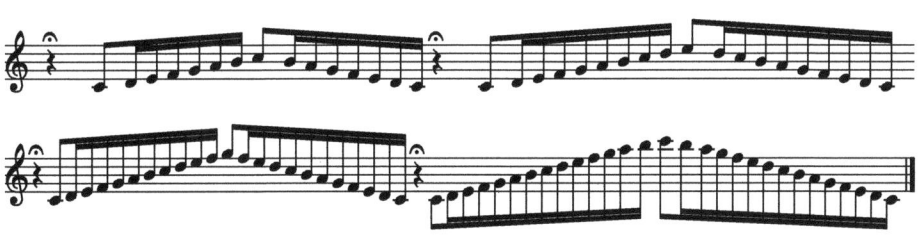

(Aus: M. García)

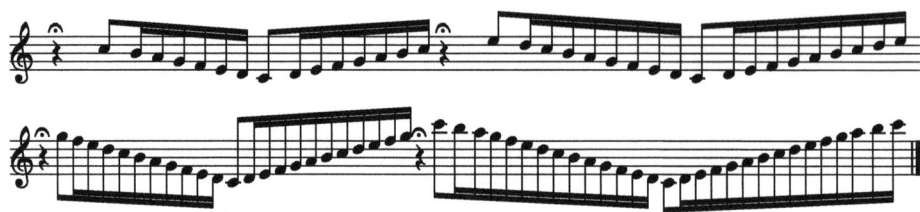

Diese Übungen sind auf allen Vokalen in regelmäßigem Vokalwechsel, wie auf S. 128ff. gezeigt, auszuführen, außerdem in punktiertem Rhythmus, sowohl ♩. ♪ als auch ♪ ♩.

Eine einwandfreie Geläufigkeit wird einerseits durch weiteres Studium der Etüden von Concone und Marchesi erworben, anderseits durch eine systematische Bewältigung von Garcías Grundschule mit Gruppen von 4 bis 32 Noten und mit Arpeggienübungen:

ÜBUNG 10   Gruppen von 4 Noten

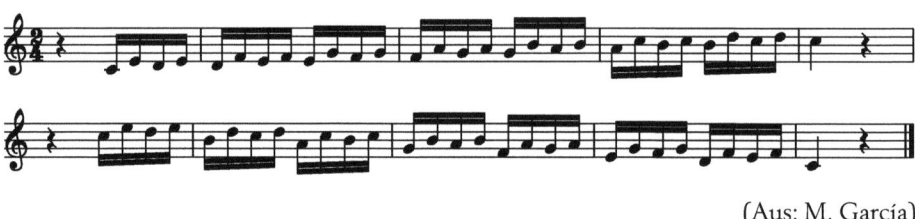

(Aus: M. García)

Mit folgenden Varianten:

Fortzuführen nach García bis zu:
ÜBUNG 11   Gruppen von 32 Noten

Mit folgenden Varianten:

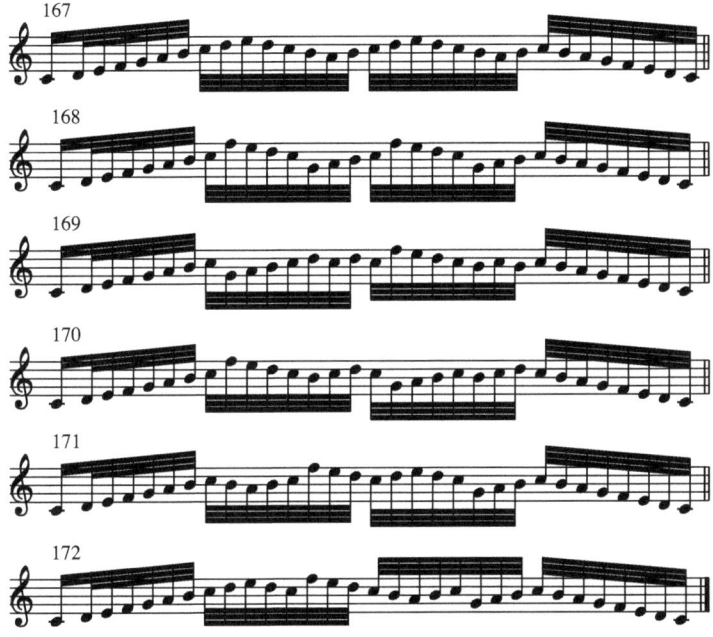

(Aus: M. García)

Das schrittweise, regelmäßige und präzise Training dieser Übungen wird der Stimme mit der Zeit die Beweglichkeit und Elastizität verleihen, die auch die Bewältigung von Mozarts *Solfeggi*, Rossinis *Gorgheggi e solfeggi* erlaubt. Es wäre falsch, Koloraturen nur von hohen Frauenstimmen und Tenören üben zu lassen. Abgesehen davon, dass die Oratorien von Bach und Händel von allen Stimmgattungen die Fähigkeit zum Koloraturgesang fordern, sind Koloraturen das beste Stimmpflegemittel überhaupt. Sie fördern die Reinheit der Intonation und den leichten Übergang von einer Stimmfunktion in die andere, vor allem aber setzen sie eine einwandfrei beherrschte Atemführung voraus.

Koloraturen sollten stets *legato* und ohne dazwischengesetztes h gesungen werden, außer dort, wo ein echtes Staccato vorgeschrieben ist, was fast nur im Koloratur-Sopranfach vorkommt. Auch da aber ist es vorzuziehen, Staccatotöne zunächst *legato* zu singen, um eine vollkommene Beherrschung zu sichern. Nicola Porpora, der Lehrer von Farinelli, soll seinen Schülern Staccatosingen untersagt haben, da es *die Stimme ermüdet und das Legato gefährdet*. Dennoch sollte richtiges Staccatosingen erlernt und als präzise Zwerchfellübung trainiert werden:

ÜBUNG 12
Koloraturen richtig

a a a a a a a a a a a a a a a a
e e e e e e e e e e e e e e e e
o o o o o o o o o o o o o o o o

Koloraturen falsch

ha ha ha ha ha ha ha ha ha ha ha ha ha ha ha
he he he he he he he he he he he he he he he
ho ho ho ho ho ho ho ho ho ho ho ho ho ho ho

(Aus: M. García)

ÜBUNG 13
Notierung

Ausführung

(Aus: M. García)

Auf ah-a-a-ah ausführen, Bauchdecke bei jedem Staccatoton leicht ein-drücken.

ÜBUNG 14

144

(Aus: M. García)

Diese Staccatoübungen und Übungen für gehauchten Ansatz dienen auch der Vorbereitung für alle Arten von Trillern. Wie die Koloratur ist auch der Triller nicht nur als Verzierung von Bedeutung, sondern als sicheres Stimmbildungsmittel, das einen schlanken, gleichmäßigen Ansatz der Stimme und eine ruhige Atemführung sichert, gleichzeitig aber auch das Gefühl des Sängers für die Kräftigung und die Intensität der Stimme weckt.

Die folgenden Trillerübungen sollen alle mit Bedachtsamkeit und Sorgfalt begonnen werden. Auf die exakte Ausführung ist mehr Gewicht zu legen als auf die Schnelligkeit, die sich mit der Zeit von selbst einstellt. […] *den Triller schlägt sie noch langsam, und das freut mich recht; dann wird er nur desto reiner und klarer, wenn sie ihn einmal geschwinder machen will, geschwind ist er ohnehin leichter* […], urteilte Mozart über die Sängerin Keiser (zit. nach Hans Swarowsky).

ÜBUNG 15

Trillervorübung

(Aus: M. García)

ÜBUNG 16

Einzelner Triller, ein großes oder kleines Sekundenintervall umfassend

Vorbereitung   Schluss

(Aus: M. García)

ÜBUNG 17

Übungen für die Vorbereitung und den Schluss des freien Trillers

Wenn der Schüler so weit vorgerückt ist, dann wird er hinlängliche Kraftentwick-lung erlangt haben, um den Stimmaushall [Messa di voce] dem Triller zu vereinen oder durch sonst einen Lauf vorzubereiten. Er berechne dann genau die Länge, die Dauer seines Athems, um Triller, Messa di voce oder einen andern vorbereitenden Lauf ausführen zu können.

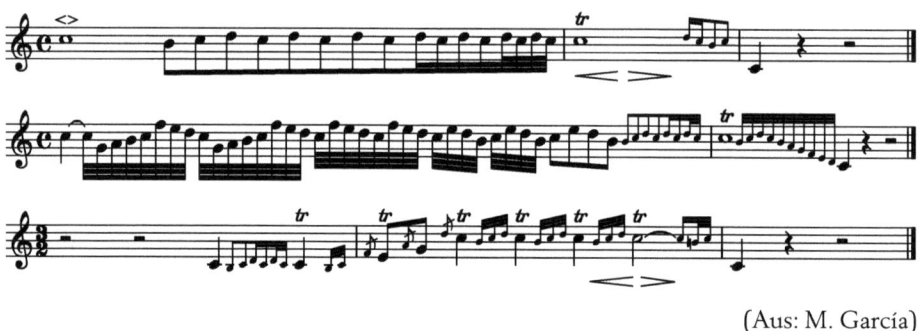

(Aus: M. García)

Doppeltriller (Trillo radappiato)

Nach Tosi besteht selbiger in einigen Noten, welche in der Mitte des großen oder des kleinen Trillers eingeschaltet werden. Statt eines Trillers bilden diese Noten gleich-sam mehrere. Dieser Triller wird durch das Zeichen ⌇ *angedeutet.*

146

Tosi

Mancini

Übungen taktmäßiger Triller

Die kleine Vorschlagsnote muss unter allen anderen Noten hervorstechen.
Der Schüler kann abwechselnd bald den Triller schließen, bald dessen Schluss aus-
lassen.

(Aus: M. García)

Triller in diatonischer Fortschreitungsart

Wenn die Triller sich in der Mitte auf- oder absteigender und taktmäßiger Passagen
befinden, dann erleiden sie im allgemeinen keine Vorbereitung, weil man nicht
immer die Zeit dazu hat. Man beginne sie alsdann rasch mit der obern Note, und
der letzte Triller allein erhält einen Schluss.

(Aus: M. García)

Mordenttriller (Trillo mordente)

(Aus: M. García)

Unter diesen verschiedenen Gattungen ist die letzte die richtigste und sicherste; folgende die glänzendste.

Übungen für den chromatischen Triller

Bevor man ihn versuche, wiederholt man einigemal die ihm eigene chromatische Tonleiter, um die zarten und schwierigen Intonationen dem Gedächtnisse einzuprägen.

Wirkung

(Aus: M. García)

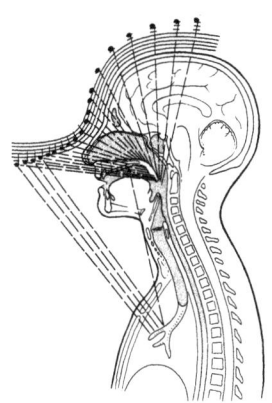

Die höchsten Tone x^1, x^2, x^3 soll die Sängerin nicht am Gaumen fühlen. Richtig gesungen klingen sie ähnlich dem Flageolett auf der Violine. Werden sie aber, wie es jetzt leider in Mode gekommen ist, mit starker Stimme gesungen, dann klingen sie schrill und unweiblich, eher wie eine elektrische Klingel. Der Klang der mit x^1, x^2, x^3 bezeichneten Töne muss immer sanft und schwebend sein.
(Aus: Lilli Lehmann)

Die hier gezeigten Trillerübungen aus Garcías Gesangschule sind nur ein Ausschnitt aus der Vielfalt der Verzierungen, die der Sänger heute angesichts der Neubelebung alter Musik beherrschen muss.

Werden schon durch die richtig ausgeführten Trillerübungen Intensität und Leuchtktaft der Stimme trainiert, so sollen parallel dazu durch Steigerung der Messa-di-voce-Übungen bis in kräftiges Fortissimo und durch Zurücknehmen bis in leisestes Pianissimo die dynamischen Möglichkeiten der Stimme gekräftigt werden. Es ist sinnvoll, dabei weniger an Lautstärke als an Intensität zu denken, wodurch ein Aufreißen der Stimme ohne Randschwingung – Mozart meinte dazu: [...] *sie singen nicht, sondern sie schreyen* [...] (zitiert nach Hans Swarowsky) –, ein stimmschädigendes Brüllen und Bellen vermieden wird. Stets soll auch der lauteste Forteton aus schlankem Ansatz, eben aus der Randschwingung, entwickelt werden, stets müsste der Sänger in der Lage sein, denselben Ton wieder in ein Piano zurückzunehmen. Schrittweise wird die Stimme im musikalischen Ablauf in ihrer Lautstärke erprobt und gestärkt, wobei stets darauf geachtet werden soll, dass keine Ermüdungserscheinungen auftreten. Dabei entwickelt sich im Sänger ein Gefühl für die Leuchtkraft und Resonanz der gesungenen Töne. Wenn auch Resonanzräume, wie etwa von Lilli Lehmann in ihrer berühmten Studie *Meine Gesangskunst* beschrieben, meist wissenschaftlich nicht nachweisbar sind – als Resonatoren gelten lediglich Brustraum und Zahnreihe, das Ansatzrohr dagegen als Tonfilter –, so empfindet doch jeder Sänger die Tonschwingungen als Vibration an bestimmten Stellen im Brust- und Kopfraum, Caruso verspürte sie sogar in den Füßen. Zweifellos sind diese Vibrationsstellen wichtige Kontrollmittel für die Resonanz der Stimme und sollten vom Sänger als solche erkannt und geübt werden.

Sicherstes Mittel jedoch zur Steigerung von Intensität und Lautstärke sind genaue Atemkontrolle bei jeder Übung und präziser Vokalansatz. Beide sichern bei größter Ökonomie des Atems eine optimale Ausnutzung des Ansatzrohr-Resonanzraumes und dadurch jene konzentrierte Leuchtkraft des Tones, die sich im Raum vervielfacht.

Repertoire

Zu »Umfang, Volumen, Geläufigkeit und Virtuosität«

KOMPONISTEN UND WERKE		Stimmgattungen und Schwierigkeitsgrade											
		SOPRAN			MEZZO/ALT			TENOR			BARITON/BASS		
		1	2	3	1	2	3	1	2	3	1	2	3
Adam, Adolphe	Ah, vous dirai-je, maman (Variationen)			•									
	Aus Le Postillon de Lonjumeau: Je vais donc le revoir			•									
	Romance du postillon									•			
	Aus Si j'étais roi: De vos nobles aïeux			•									
American negro	Ain't goin to study war no mo'	•			•			•			•		
	De gospel train	•			•			•			•		
	De ol' ark's a-moverin' an I'm goin home	•			•			•			•		
	I got a home in a dat rock	•			•			•			•		
	Oh Peter go ring-a-dem bells	•			•			•			•		
	This is a sin-tryin' world	•			•			•			•		
Bach, Johann Sebastian	Aus der Kantate Nr. 44: Es ist und bleibt der Christen Trost		•										
	Aus der Kantate Nr. 183: Höchster Tröster		•										
	Aus der Kantate Nr. 51: Jauchzet Gott in allen Landen		•										
	Aus der Kantate Nr. 187: Du Herr, du krönst allein						•						
	Aus der Kantate Nr. 29: Halleluja, Stärk und Macht						•						
	Aus der Messe h-Moll: Laudamus te						•						
	Aus der Kantate Nr. 81: Die schäumenden Wellen									•			
	Aus dem Weihnachtsoratorium: Frohe Hirten									•			

KOMPONISTEN UND WERKE		SOPRAN			MEZZO/ALT			TENOR			BARITON/BASS		
		1	2	3	1	2	3	1	2	3	1	2	3
	Aus der Kantate Nr. 74: *Kommt, eilet!*									•			
	Aus der Kantate Nr. 56: *Endlich, endlich*												•
	Aus der Kantate Nr. 121: *Johannis freundenvolles Springen*												•
Bartók, Bela	*8 ungarische Volkslieder*		•			•			•			•	
	20 ungarische Volkslieder		•			•			•			•	
Bellini, Vincenzo	Aus *La Sonnambula*: *Vi ravviso o luoghi ameni*											•	
	Aus *Norma*: *Casta diva*			•									
Boieldieu, Adrien François	Aus *Les Voitures Versées*: *Essayons, s'il se peut, de parler son langage*			•									
Bononcini, Giovanni	*Lungi da te*	•			•			•			•		
	Più non ti voglio crédere	•											
Britten, Benjamin	Aus *Peter Grimes*: *Embroidery in childhood*		•										
	In dreams I've built myself								•				
	Picture what that day was like								•				
Carissimi, Giacomo	*Come sete importuni*	•			•			•			•		
	Ma no, non fuggir	•			•			•			•		
Cimarosa, Domenico	Aus *La Vergine del Sole*: *Ah, tornar la bella aurora*		•										
	Aus *Il Matrimonio Segreto*: *Brillar mi sento il core*								•				
	Se son vendicata		•										
Dallapiccola, Luigi	*Quattro liriche di*			•						•			
	Antonio Machado												
Delibes, Léo	Aus *Lakmé*:			•									
	Où va la jeune Indoue?												
Donizetti, Gaetano	*La Zingara*		•										
	Aus *Lucia di Lammermoor*: *Regnava nel silenzio*			•									
	Il dolce suono mi colpi di sua voce			•									

KOMPONISTEN UND WERKE		Stimmgattungen und Schwierigkeitsgrade											
		SOPRAN			MEZZO/ALT			TENOR			BARITON/BASS		
		1	2	3	1	2	3	1	2	3	1	2	3
	Cruda, funesta smania												•
Falla, Manuel de	El amor brujo					•							
	La vida breve		•										
Händel, Georg Friedrich	Aus Allessandro: Lusinghe più care		•										
	Aus Xerxes: Và godendo vezzoso e bello		•										
	Ne men con l'ombre		•										
	Aus Atlanta: Soffri in pace					•							
	Aus Berenice: Si tra i ceppi					•							
	Aus Partenope: Furibondo spira il vento					•							
	Aus Poro: E prezzo leggiero					•							
	Aus Alcina: Un momento di contento								•				
	Aus Rinaldo: Vò far guerra								•				
	Aus Tamerlano: Empio, per farti guerra								•				
	Aus Agrippina: Se ben nemica sorte col raggio plàcido											•	
	Aus Floridante: Non lasciar											•	
	Aus Giulio Cesare: Dal fulgor di questa spada											•	
	Aus Judas Maccabaeus: So shall the lute and harp awake		•										
	Call forth thy powers								•				
	The Lord worketh wonders											•	
	Aus Messiah: Rejoice greatly		•										
	O thou that tellest good tidings to Zion					•							
	Every valley shall be exalted								•				

KOMPONISTEN UND WERKE		Stimmgattungen und Schwierigkeitsgrade											
		SOPRAN			MEZZO/ALT			TENOR			BARITON/BASS		
		1	2	3	1	2	3	1	2	3	1	2	3
	Why do the nations so furiously rage together											•	
	The trumpet shall sound											•	
	Aus *Samson:* Thus when the sun								•				
Laserna, Blas de	El jilguerito con pico de oro	•						•					
	Seguidillas majas	•			•								
Machaut, Guillaume de	15 3st. Balladen									•			•
Menotti, Gian Carlo	Aus *The Telephone:* Hello! Hello! oh, Margaret, it's you		•										
Messiaen, Olivier	Chants de terre et de ciel			•									
	Poèmes pour moi			•						•			
Mozart, Wolfgang Amadeus	Aus *Die Entführung aus dem Serail:* Durch Zärtlichkeit		•										
	Ach, ich liebte		•										
	Martern aller Art			•									
	Ich baue ganz auf deine Stärke								•				
	Oh! wie will ich triumphieren												•
	Solche hergelaufene Laffen												•
	Aus *Così fan tutte:* Come scoglio			•									
	Per pietà ben mio perdona			•									
	Smanie implacàbili						•						
	Aus *Don Giovanni:* Mi tradi quel alma ingrata			•									
	Non mi dir			•									
	Or sai chi l'onore			•									
	Il mio tesoro									•			
	Finchè han dal vino												•
	Madamina, il catalogo è questo												•
	Aus *Die Zauberflöte:* Der Hölle Rache			•									

153

| KOMPONISTEN UND WERKE | | Stimmgattungen und Schwierigkeitsgrade | | | | | | | | | | | |
| | | SOPRAN | | | MEZZO/ALT | | | TENOR | | | BARITON/BASS | | |
		1	2	3	1	2	3	1	2	3	1	2	3
	O zittre nicht, mein lieber Sohn			•									
	Ein Mädchen oder Weibchen											•	
	Aus *Idomeneo*: Idol mio, se ritroso altro		•										
	D'Oreste, d'Ajace!				•								
	Fuor del mar									•			
	Aus *Il Rè Pastore*: Alla selva, al prato		•										
	Di tante sue procelle		•										
	Aus *Exultate, Jubilate*: Alleluja				•								
	Solfeggi		•	•		•	•		•	•		•	•
Paesiello, Giovanni	Mentre ti lascio o figlia								•				
Porpora, Nicola Antonio	Come la luce è tremula	•				•		•				•	
	Contemplar almen					•						•	
	Non più fra sassi	•											
	Vigilate, oculi mei	•							•				
Puccini, Giacomo	Aus *La Bohème*: Si, mi chiamano Mimi	•											
	Che gèlida manina									•			
	Aus *La Fancilla del West*: Oh, se sapeste			•									
	Aus *Manon Lescaut*: L'ora, o Tirsi, è vaga e bella			•									
Purcell, Henry	An evening hymn	•			•			•			•		
	Anacreon's defeat										•		
	Aus *Fairy Queen*: Hark! the ech'ing air sings	•			•			•			•		
	If music be the food of love (1. und 3. Vers)	•			•			•			•		
	Not all my torments	•			•			•			•		
	Nymphs and shepherds	•			•			•			•		
	O Lord, rebuke me not	•			•			•			•		
	Sound the trumpet								•		•		
	Strike the viol								•		•		

KOMPONISTEN UND WERKE		Stimmgattungen und Schwierigkeitsgrade											
		SOPRAN			MEZZO/ALT			TENOR			BARITON/BASS		
		1	2	3	1	2	3	1	2	3	1	2	3
Rameau, Jean-Philippe	Aus *Platée*: *Aux langueurs d'Apollon*		•										
	Aus *Hippolyte et Aricie*: *Rossignols amoureux*		•										
Reimann, Aribert	*Entführung*			•					•				
Rossini, Gioacchino	Aus *La gazza ladra*: *Di piacer mi balza il cor*		•			•							
	Aus *Il barbiere di Siviglia*: *Una voce poco fa*			•			•						
	Ecco ridente								•				
	Aus *Semiramide*: *Dolce pensiero*			•			•						
	In si barbara						•						
	Aus *L'Italiana in Algeri*: *Pensa alla patria*					•							
	Gorgheggi e solfeggi			•									
Scarlatti, Alessandro	*Eliotropio d'amor* (Solokantate)		•			•			•			•	
	Io morirei contento (Solokantate)		•			•			•			•	
	Va per lo mare	•			•			•			•		
Schubert, Franz	*Auf dem Wasser zu singen*		•						•				
	Das Veilchen		•			•			•			•	
	Heidenröslein		•			•			•			•	
	Das Lied im Grünen		•			•			•			•	
	Der Knabe	•						•					
	Der Wachtelschlag	•						•					
	Die Rose	•						•					
	Seligkeit		•						•				
	Geheimes		•			•			•			•	
	Liebesbotschaft		•			•			•			•	
	Ständchen (Horch, Horch)	•			•			•			•		
Schumann, Robert	*Frühlingslust*		•						•				
	Märzveilchen	•			•			•			•		
	O wie lieblich ist das Mädchen	•						•					
	Schneeglöckchen	•			•			•			•		

155

KOMPONISTEN UND WERKE		Stimmgattungen und Schwierigkeitsgrade											
		SOPRAN			MEZZO/ALT			TENOR			BARITON/BASS		
		1	2	3	1	2	3	1	2	3	1	2	3
	Ständchen							•			•		
Schütz, Heinrich	Bringt her dem Herren		•			•			•			•	
Strauß, Johann	Aus *Die Fledermaus*: Mein Herr Marquis		•										
	Ich bin nur die Unschuld vom Lande			•									
	Chacun à son gout					•							
Strauss, Richard	Amor		•										
	Begegnung		•										
	Frühlingsgedränge		•						•				
	Heimliche Aufforderung		•			•			•			•	
	Aus *Ariadne auf Naxos*: Als ein Gott kam jeder gegangen			•									
Strawinsky, Igor	Aus *Oedipus Rex*: Nonn'erubeskite						•						
	Nonne monstrum									•			
Thomas, Ambroise	Aus *Mignon*: Je suis Titania			•									
Verdi, Giuseppe	Aus *Il trovatore*: Tacea la notte placida			•									
	D'amor sull'ali rosee			•									
	Stride la vampa					•							
	Aus *I Vespri Siciliani*: Mercé, dilette amiche			•									
	Aus *Rigoletto*: Caro nome			•									
Weber, Carl Maria von	Aus *Freischütz*: Wie nahte mir der Schlummer			•									
	Durch die Wälder, durch die Auen									•			
Webern, Anton von	Fünf Lieder (Opus 3)						•						
	Fünf Lieder (Opus 4)			•			•			•			
	Schien mir's, als ich sah die Sonne			•			•			•			
Wolf, Hugo	Ach im Maien		•			•			•			•	
	Auf dem grünen Balkon		•			•			•			•	
	Citronenfalter im April	•						•					

KOMPONISTEN UND WERKE	Stimmgattungen und Schwierigkeitsgrade											
	SOPRAN			MEZZO/ALT			TENOR			BARITON/BASS		
	1	2	3	1	2	3	1	2	3	1	2	3
Der Gärtner	•						•					
Ein Ständchen euch zu bringen							•			•		
Er ist's		•			•			•			•	
Mausfallensprüchlein		•			•							
Nein, junger Herr		•			•							

157

Dramatischer Ausdruck – Interpretation

Während der verschiedenen Ausbildungsstufen wird gleichzeitig die Fähigkeit für eine text- und werkgetreue Interpretation geweckt. Das Gefühl für Verantwortung und Verpflichtung dem Autor gegenüber soll unbedingt am Anfang jeder Interpretation stehen. Keine künstlerische Leistung, auch wenn sie noch so frappant, verblüffend oder faszinierend wäre, kann gutgeheißen werden, wenn sie in erster Linie den Künstler und nur zweitrangig das Werk darstellt.

Eine werkgetreue Ausführung aber setzt in erster Linie ein sicher beherrschtes Instrumentarium voraus, so dass in den ersten Ausbildungsstufen eine sorgfältige Stückwahl die Überbeanspruchung und den überstarken Ausdruckswillen der noch begrenzten stimmlichen Mittel verhindern soll.

Hand in Hand aber mit der Bewältigung der technischen Mittel soll das Ausdrucksvermögen gestärkt und gereift werden.

Zunächst geht es darum, sich die Möglichkeiten klarzumachen, mit denen Gefühle, Erregung, Leidenschaft von der Stimme wiedergegeben werden: die Farben der Stimme, die Lautstärke, die Phrasierung, die Art des Atemholens und der Aussprache. Ebenso wie ein gutes Bauwerk Phantasie und Formgefühl mit den statischen und konstruktiven Erfordernissen verbindet, so soll auch der Sänger seiner Interpretation immer die musikalische Struktur und ihre Erfordernisse zugrunde legen. Neben der selbstverständlichen Kenntnis und dem Einhalten von Noten und Notenwerten, Rhythmus und Dynamik soll von Anfang an der Aufbau des Stückes mit seinen Taktformen, seinen Harmonien, die Art der begleitenden Instrumente oder der Singstimme studiert und der Text eingehend sowohl von der Artikulation wie vom Sinn her erarbeitet werden. Nach diesen Untersuchungen liegen Charakter, Akzente und richtige Phrasierung des Stückes weitgehend fest. Nun allerdings beginnt das Modellieren und Formen, das nur durch intensive Arbeit möglich ist. Dabei werden unermüdlich Phrasen einzeln und in ihrem Zusammenhang langsam, im Tempo und schneller geübt, wiederholt, oft auch von rückwärts zusammengefügt, so dass zunächst der Schluss, dann die davorliegende Phrase usw. gesungen wird. Schwierige Passagen werden isoliert als Intervallsprünge, oft ebenfalls umgekehrt oder einen Ton höher oder tiefer geübt. Immer wieder aber wird dazwischen das Stück in seinem ganzen Zusammenhang, möglichst nur mit halber Stimme und etwas schneller, gesungen: Nur so lässt sich der Aufbau erlernen, treten Schwerpunkte und Nahtstellen deutlich hervor und können bewältigt werden.

Die Gestaltung dieser Nahtstellen, der musikalischen Übergänge von einem Stückteil zum nächsten, und deren harmonische und ausdrucksmäßige Vorbereitung sind meist wichtiger als die Gestaltung der Höhepunkte. So werden dem Tamino in Mozarts *Zauberflöte* bei jeder Wiederholung der Arie *Dies Bildnis* neue Farben aufgehen, die die dreimalige Wiederholung *die Liebe, die Liebe, die Liebe* in sich birgt – Zögern, Liebe, Verträumtheit, Unsicherheit, Klangschattierungen vom sicheren Forte bis zum verzauberten Pianissimo –, bevor das entschlossene *ist's allein* den zur Handlung drängenden abschließenden Höhepunkt der Arie einleitet. Don Ottavio in Mozarts *Don Giovanni* findet in den beiden Arien *Dalla sua pace* und *Il mio tesoro* die Möglichkeit, im Übergang zur Wiederholung des Themas die ganzen Gefühlsschattierungen des Verlobten der Donna Anna zusammenzufassen. In Schuberts Lied *Wohin* aus der *Schönen Müllerin* liegt bei dem Übergang zu *O Bächlein meiner Liebe* in der Klavierbegleitung und in der Singstimme vorweggenommen die Ahnung um die Traurigkeit der letzten Lieder. Die Rezitative in Bachs Passionen werden in ihrer Interpretation weitgehend schon durch die einleitenden und weiterführenden Modulationen im Generalbass bestimmt, wobei der Grundakkord einen ruhenden Beginn, der Sextakkord einen vorwärts drängenden Charakter bestimmt, der Dominant-Septim-Akkord wiederum eine Kadenz einleitet und eine freie, bedeutungsreiche Gestaltung fordert. Im Rezitativ müssen dem Sänger ganz besonders alle Klangfarben und dynamischen Schattierungen zur Verfügung stehen, um den textlichen Inhalt in seinem Sinn verständlich und für den Zuhörer interessant zu gestalten.

Bühnenpartien verlangen zusätzlich zur Kenntnis der eigenen Partie die Erarbeitung der Zusammenhänge mit dem ganzen Werk, das Studium der Figur, ihres Charakters und ihres historischen Hintergrundes. Besonders bei ausdrucksstarken dramatischen Partien ist dabei vor einer Identifizierung mit der eigenen Person zu warnen. Nie soll die Kunst darin bestehen, sich selbst darzustellen. García riet, sich bei einer Figur wie zum Beispiel der Desdemona ein Madonnenbild aus der Renaissancezeit als Vorstellung zu schaffen und der Interpretation zugrunde zu legen. Wichtig ist bei Opernpartien die gleichzeitige Erarbeitung von Gesangpartie und musikalischem Bewegungsablauf. Bei günstigen Ausbildungsbedingungen hat der Schüler Gelegenheit, während des Studiums wichtige Partien bereits in ihrem grundsätzlichen szenischen Ablauf zu studieren. Ist dies nicht der Fall, sollte er selbst vom ersten Tag des Rollenstudiums an gewisse Bewegungsabläufe trainieren und vor dem Spiegel die Beherrschung seiner Gesichtszüge – unentbehrlich auch für den Konzertgesang – überwachen. Während der Probenarbeit für eine Neuinszenierung sollten trotz langer Probestunden in der verbleibenden Zeit möglichst oft neue Bewegungsabläufe, leicht gesungen, wiederholt werden. Damit werden Unsicherheiten vermieden, die sich in der Nervosität der ersten Aufführungen entweder auf die Gesangfunktion oder auf den Ablauf der schauspielerischen Leistung nachteilig auswirken können.

Während richtiger Ausdruck und Intensität sich am sichersten durch einwandfreie Technik und absolute Werktreue, verbunden mit der Phantasie der Interpreten, einstellen und bewusste Interpretationsmittel unecht und aufgesetzt wirken, sind zwei Kontrollfunktionen stets zu beachten: die Einteilung der Schwerpunkte – energy pacing, wie die Amerikaner sie nennen – und die Einstellung der Bereitschaft. Energy pacing reguliert den Einsatz der Spannung und sorgt für einen regelmäßigen Ablauf von Schwerpunkten und weniger belasteten Passagen. In erster Linie entsteht der notwendige Wechsel von Anspannung und Entspannung durch den Wechsel von Gesangphrase und Atempause.

Darüber hinaus jedoch sollte der Sänger durchlaufende Passagen und Schwerpunkte einteilen und darauf achten, dass nie eine Überladung mit Affekt entsteht, die den natürlichen Fluss der Musik hemmt. Noch entscheidender als diese Kontrolle *während* des Ablaufs des Singens ist für den Sänger die richtige Kontrolleinstellung *vor* dem Singen. Sie besteht einmal im Einnehmen der richtigen Körperhaltung mit leicht gespreizten Beinen, aufgerichtetem Oberkörper und geweitetem Brustkorb, entspannter Nacken-, Stirn- und Kiefermuskulatur, gleichzeitig in einigen kurzen Hechelbewegungen der Bauchdecke und einem leichten Weiten des unteren Brustkorbs, schließlich, Sekundenbruchteile vor dem Einsatz – zu frühes Einatmen verspannt den Gaumen –, in einem fast witternden Einatmen, als ob etwas Luft durch die Oberlippe eingesaugt würde. Dieses Gefühl der Bereitschaft ist das beste Mittel, um aufkommende Nervosität zu überwinden, und weckt gleichzeitig die eigene Intensität und Präzision. Am besten definiert Horst Coblenzer diese Empfindung, wenn er dem Sänger rät sich vorzustellen, ein Puma drohe ihm von hinten in den Nacken zu springen. Ein solches Gefühl sensibilisiert alle Nerven und versetzt in jene wache, witternde Bereitschaft, die sich unmittelbar auch auf den Zuhörer überträgt.

Vor allem aber ist Interpretation ein Ausdruck der Phantasie und Vorstellungskraft – ein künstlerischer Akt. Sie kann bereichert und geformt werden durch intensives Zuhören sowie durch die Lektüre zahlreicher kompetenter Werke über Aufführungspraxis. Entscheidend bleibt jedoch die spontane Echtheit der Empfindung, die genaue Kenntnis der Form, die Hochachtung vor der Intention des Komponisten sowie die tadellose Technik, die die Übertragung der eigenen Vorstellung erst möglich macht. Vor Übertreibungen oder leeren Nachahmungen kann nicht genug gewarnt werden.

Repertoire

Zu *Dramatischer Ausdruck – Interpretation*

KOMPONISTEN UND WERKE		Stimmgattungen und Schwierigkeitsgrade											
		SOPRAN			MEZZO/ALT			TENOR			BARITON/BASS		
		1	2	3	1	2	3	1	2	3	1	2	3
American Negro	Deep river					•						•	
	Go down Moses					•						•	
	Joshua fit de battle ob Jericho					•						•	
	My soul's been anchored in the Lord					•						•	
	The whale got Jonah down	•			•			•			•		
	Troubles was hard	•			•			•			•		
Bach, Johann Sebastian	Solokantaten			•			•		•		•		•
	Rezitative und Arien aus Passionen und Weihnachtsoratorium			•			•		•		•		•
Beethoven, Ludwig van	Aus *Fidelio*: Abscheulicher, wo eilst du hin? (Rezitativ)			•									
	Komm, Hoffnung (Arie)			•									
	Gott! Welch Dunkel hier (Rezitativ)									•			
	In des Lebens Frühlingstagen (Arie)									•			
	An die ferne Geliebte (Zyklus)									•			•
Berg, Alban	Vier Lieder (op. 2)					•							•
Brahms, Johannes	Vier ernste Gesänge (op. 121)												•
	Zigeunerlieder (op. 103)					•							
	Alt-Rhapsodie (op. 53)					•							
	Auf dem Kirchhofe					•							•
	Der Tod, das ist die kühle Nacht		•			•			•				•
	Die Mainacht					•							•
	Es träumte mir		•			•			•				
	Heimkehr								•			•	

161

KOMPONISTEN UND WERKE		Stimmgattungen und Schwierigkeitsgrade											
		SOPRAN			MEZZO/ALT			TENOR			BARITON/BASS		
		1	2	3	1	2	3	1	2	3	1	2	3
	In Waldeseinsamkeit			•			•			•			•
	Meerfahrt						•			•			•
	Meine Liebe ist grün					•			•			•	
	Nachtigallen schwingen			•						•			
	Nicht mehr zu dir gehen						•						•
	Sehnsucht (Hinter jenen dichten Wäldern)					•						•	
	Treue Liebe					•						•	
	Über die Heide			•			•			•			•
	Romanzen aus der Schönen Magelone (op. 33)									•			•
Britten, Benjamin	Serenade									•			
	War Requiem			•			•			•			•
	Les illuminations									•			
	A charm of lullabies (Zyklus)					•							
	The holy sonnets of John Donne		•						•				
Buzzoleni, Giovanni	Non fuggirai	•			•			•			•		
	Volgimi, o cara figlia							•			•		
Carissimi, Giacomo	Come sete importuni	•			•			•			•		
	Piàngete aure				•						•		
	Sorrórretemi	•						•					
	Sventura, cuor mio				•						•		
Debussy, Claude	Ariettes oubliées		•			•							
	Chansons de Bilitis		•			•							
	Proses lyriques		•						•				
Duparc, Henry	Chanson triste		•			•			•			•	
	Elégie		•			•			•				
	L'invitation au voyage		•			•			•			•	
	Phidylé			•						•			•
Dvořák, Antonín	Zigeunerlieder (op. 55)					•						•	
	Biblische Gesänge (op. 99)		•			•			•			•	
Fauré, Gabriel	La bonne chanson		•						•				
	Poèmes d'un jour		•			•			•			•	

KOMPONISTEN UND WERKE		Stimmgattungen und Schwierigkeitsgrade											
		SOPRAN			MEZZO/ALT			TENOR			BARITON/BASS		
		1	2	3	1	2	3	1	2	3	1	2	3
Händel, Georg Friedrich	Aus *Judas Maccabaeus*: *To heaven's almighty King we kneel* (Rezitativ)		•			•			•				
	O liberty! Thou choicest treasure (Arie)		•			•			•				
	Aus *Belshazzar*: *Rejoice, my countrymen* (Rezitativ)					•							
	Thus saith the Lord to Cyrus (Arie)					•							
	Aus *Samson*: *Total eclipse*								•				
	My grief for this (Rezitativ)								•				
	Why does the God of Israel sleep (Arie)								•				
	Aus *Messiah*: *For behold, darkness shall cover the earth* (Rezitativ)											•	
	The people that walked in darkness (Arie)											•	
Haydn, Joseph	Aus *Die Schöpfung* und aus *Die Jahreszeiten*: Rezitative und Arien		•			•			•			•	
Hindemith, Paul	*Das Marienleben* (Zyklus op. 25)			•									
	Cum natus esset			•						•			
Honegger, Arthur	*Quatre chansons pour voix grave*		•			•			•			•	
	Trois psaumes		•			•			•			•	
Janáček, Leoš	*Tagebuch eines Verschollenen*						•		•				
Kilpinen, Yrjö	*Lieder der Liebe* (Text: Morgenstern)					•						•	
	Lieder der Liebe II (Text:Morgenstern)					•						•	
	Lieder um den Tod (Text: Morgenstern)					•						•	
Kodály, Zoltán	*Psalmus hungaricus*									•			
	Husz Magyar népdal (20 ungarische Volkslieder)	•			•			•			•		

163

KOMPONISTEN UND WERKE		Stimmgattungen und Schwierigkeitsgrade											
		SOPRAN			MEZZO/ALT			TENOR			BARITON/BASS		
		1	2	3	1	2	3	1	2	3	1	2	3
	Magyar Népzene (57 ungarische Volkslieder)	•			•			•			•		
Loewe, Karl	Archibald Douglas												•
	Der Mummelsee						•						
	Edward						•						•
	Odins Meeresritt						•						•
	Tom der Reimer						•						•
Mahler, Gustav	Kindertotenlieder						•						•
	Lieder eines fahrenden Gesellen						•						•
	Das Lied von der Erde						•			•			
Marcello, Benedetto	Didone		•										
Martin, Frank	Sechs Monologe aus Jedermann						•						•
	Quatre sonnets						•						
Monteverdi, Claudio	Se i languidi miei sguardi								•			•	
	Aus Il Ritorno d'Ulisse: Di misera regina		•			•							
Mozart, Wolfgang Amadeus	Aus Die Zauberflöte: Dies Bildnis									•			
	Sprecherszene									•			•
	In diesen heil'gen Hallen												•
	Aus Die Entführung aus dem Serail: Konstanze, Konstanze								•				
	Traurigkeit			•									
Musorgskij, Modest	Kinderstube (Zyklus)		•			•							
	Lieder und Tänze des Todes (Zyklus)						•						•
Schoeck, Othmar	The blessed virgin's expostulation		•			•							
	Spielmannsweisen								•				
	Notturno											•	
Schönberg, Arnold	Das Buch der hängenden Gärten			•						•			
Schubert, Franz	An die Leyer					•						•	
	An die Türen will ich schleichen								•			•	

KOMPONISTEN UND WERKE		Stimmgattungen und Schwierigkeitsgrade										
		SOPRAN			MEZZO/ALT			TENOR			BARITON/BASS		
		1	2	3	1	2	3	1	2	3	1	2	3
	An Schwager Kronos						•						•
	Der Erlkönig						•						•
	Schäfers Klagelied		•			•			•			•	
	Der Tod und das Mädchen						•						
	Die junge Nonne			•			•						
	Ganymed		•			•			•			•	
	Gretchen am Spinnrad			•			•						
	In der Ferne					•						•	
	Suleika I und II		•			•							
	Prometheus						•						•
	Todesmusik		•			•			•			•	
	Die schöne Müllerin								•				•
	Die Winterreise (Zyklus)								•				•
	Schwanengesang								•				•
Schumann, Robert	Dichterliebe op. 48								•				•
	Frauenliebe und -leben op. 42		•				•						
	Kernerlieder		•				•		•				•
	Liederkreis (op. 24)		•				•		•				•
	Liederkreis (op. 25)		•				•		•				•
Strauss, Richard	Vier letzte Lieder		•										
Vivaldi, Antonio	Piango, gemo				•						•		
	Aus L'Olimpiade: Se cerca, se dice	•			•								
Wolf, Hugo	Spanisches Liederbuch		•				•		•				•
	Italienisches Liederbuch		•				•		•				•
	An eine Aeolsharfe		•			•							
	Auf einer Wanderung					•						•	
	Denk' es, o Seele		•				•		•				•
	Der Feuerreiter						•						•
	Der Genesene an die Hoffnung					•						•	
	Der Knabe und das Immelein		•						•				
	Der Musikant								•			•	
	Die Geister am Mummelsee						•						•

KOMPONISTEN UND WERKE	Stimmgattungen und Schwierigkeitsgrade											
	SOPRAN			MEZZO/ALT			TENOR			BARITON/BASS		
	1	2	3	1	2	3	1	2	3	1	2	3
Die Spinnerin			•			•						
Die Zigeunerin			•			•						
Du denkst, mit einem Fädchen mich zu fangen		•		•								
Ein Stündlein wohl vor Tag		•		•								
Erstes Liebeslied eines Mädchens		•		•								
Ganymed		•		•				•			•	
Geh, Geliebter, geh jetzt			•			•						
Harfenspieler I–III												•
Lied vom Winde		•						•				
Mausfallensprüchlein		•			•							
Nimmersatte Liebe		•			•			•			•	
Treibe nur mit Lieben Spott								•			•	

Anhang

Wesentliche Verzierungen

Triller   Triller mit Nachschlag

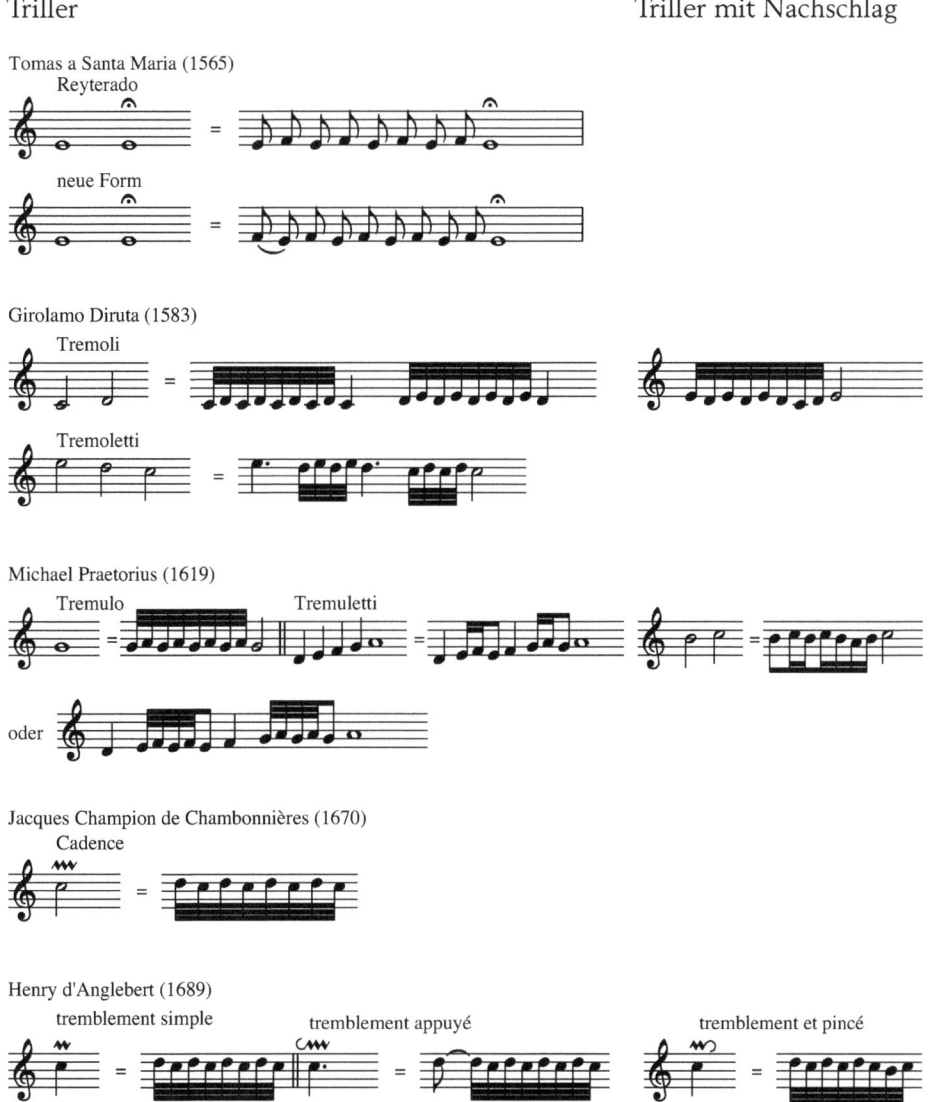

Henry Purcell (1696)

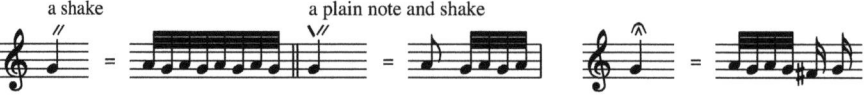

Louis Hotteterre le Romain (1707)

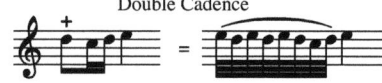

Johann Sebastian Bach (1720)

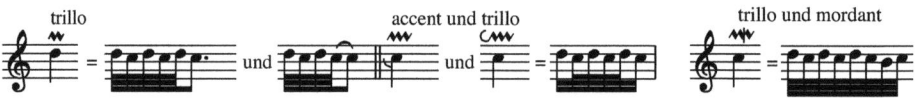

Gottlieb Muffat (1739)

Jean Philippe Rameau (1731)

Carl Philipp Emanuel Bach (1753)

Johann Joachim Quantz (1752)

*) Auf Beginn mit oberer Nebennote weist Quantz an anderer Stelle hin.

Mordent

Vorschlag

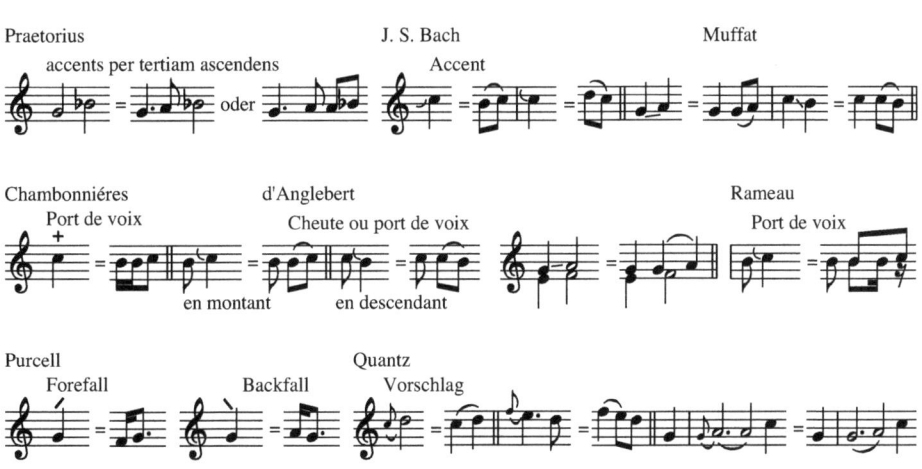

(Aus: Hans-Martin Linde, *Kleine Anleitung zum Verzieren alter Musik*, Schott ED 4758)

Auf den folgenden Seiten:

Stammbäume der wichtigsten Gesangschulen

Die mit * bezeichneten Personen waren oder sind zugleich Sänger, Lehrer und Verfasser von theoretischen Schriften. Die Stammbäume sind nach Städten oder Ländern geordnet. Für die Gesangschule von Manuel García dem Jüngeren wurde eine eigene Tabelle erstellt. Wo immer möglich wurden die Vor- und Nachnamen und die Lebensdaten (unterhalb des Namens) angegeben.

Gizzi*
1680–1775

Francesco Durante*
1684–1755

Pietro Alessandro Scarlatti* ——— Gaetano Greco* ——— Nicola Antonio Porpora* ———
1660–1725   1657–1728   1686–1768

Leonardo Vinci*
ca. 1690–1730

Domenico Scarlatti
1685–1757

Girolamo Abos* ——————— Giuseppe Aprile* ——— Andrea Nozzari
1715–1760   1732–1813   1775–1832

Domenico Cimarosa*
1749–1801

Nicola Antonio Zingarelli* ———
1752–1837

Girolamo Crescentini ———
1762–1846

Pareja/Gaetano Marinelli ———
1754–1820

Vincenzo Lombardi ———

Guglielmo Vergine ———

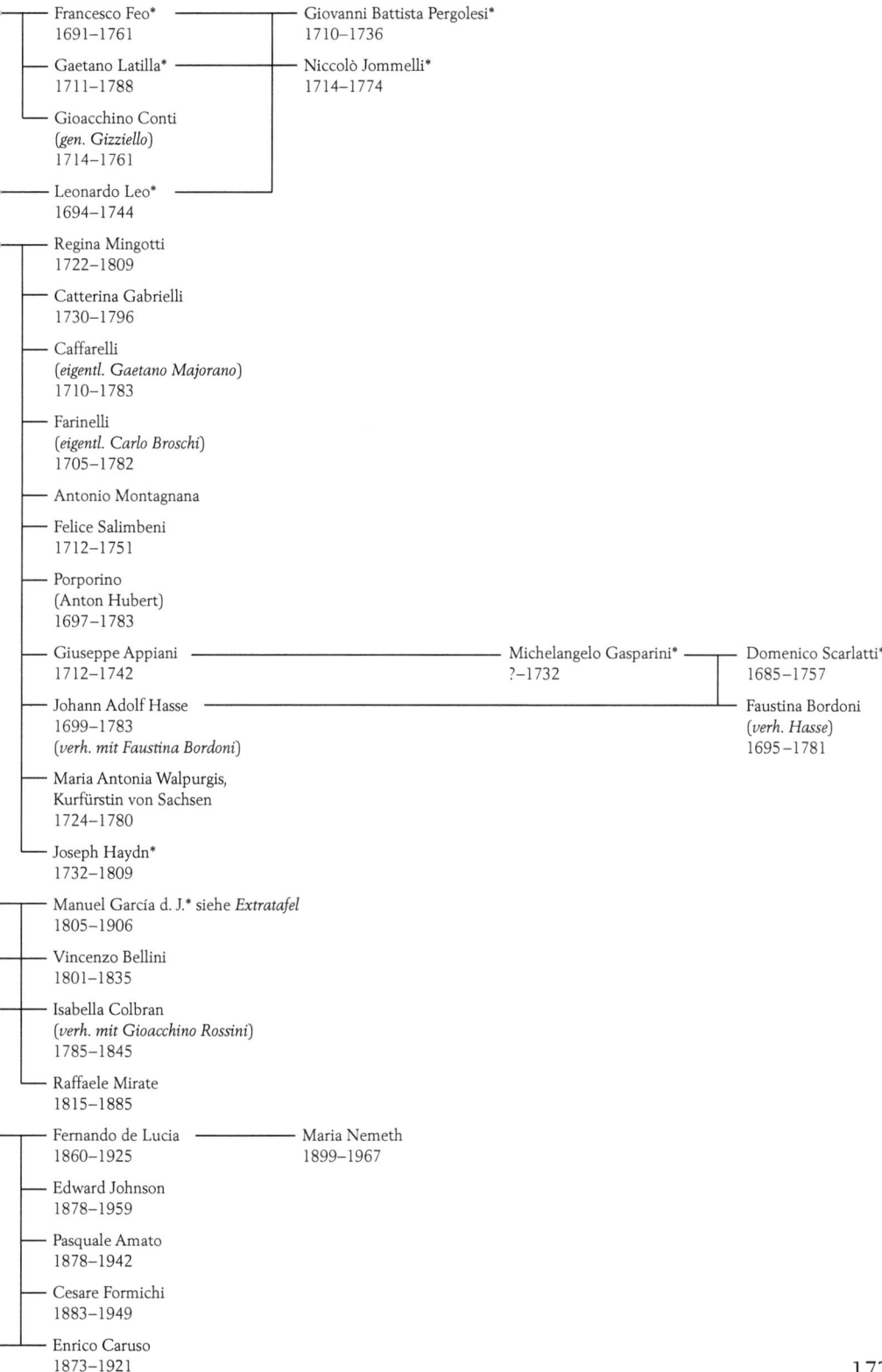

Francesco Feo*
1691–1761

Giovanni Battista Pergolesi*
1710–1736

Gaetano Latilla*
1711–1788

Niccolò Jommelli*
1714–1774

Gioacchino Conti
(*gen. Gizziello*)
1714–1761

Leonardo Leo*
1694–1744

Regina Mingotti
1722–1809

Catterina Gabrielli
1730–1796

Caffarelli
(*eigentl. Gaetano Majorano*)
1710–1783

Farinelli
(*eigentl. Carlo Broschi*)
1705–1782

Antonio Montagnana

Felice Salimbeni
1712–1751

Porporino
(Anton Hubert)
1697–1783

Giuseppe Appiani
1712–1742

Michelangelo Gasparini*
?–1732

Domenico Scarlatti*
1685–1757

Johann Adolf Hasse
1699–1783
(*verh. mit Faustina Bordoni*)

Faustina Bordoni
(*verh. Hasse*)
1695–1781

Maria Antonia Walpurgis,
Kurfürstin von Sachsen
1724–1780

Joseph Haydn*
1732–1809

Manuel García d. J.* siehe *Extratafel*
1805–1906

Vincenzo Bellini
1801–1835

Isabella Colbran
(*verh. mit Gioacchino Rossini*)
1785–1845

Raffaele Mirate
1815–1885

Fernando de Lucia
1860–1925

Maria Nemeth
1899–1967

Edward Johnson
1878–1959

Pasquale Amato
1878–1942

Cesare Formichi
1883–1949

Enrico Caruso
1873–1921

173

FLORENZ

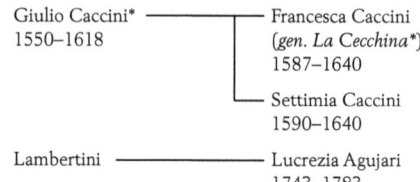

Giulio Caccini*
1550–1618 ——————— Francesca Caccini
(*gen. La Cecchina**)
1587–1640

—— Settimia Caccini
1590–1640

Lambertini ——————— Lucrezia Agujari
1743–1783

VENEDIG

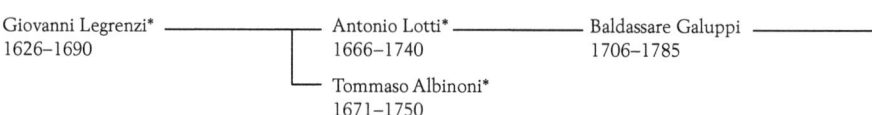

Giovanni Legrenzi* ——————— Antonio Lotti* ——————— Baldassare Galuppi ——————
1626–1690   1666–1740   1706–1785

—— Tommaso Albinoni*
1671–1750

BOLOGNA

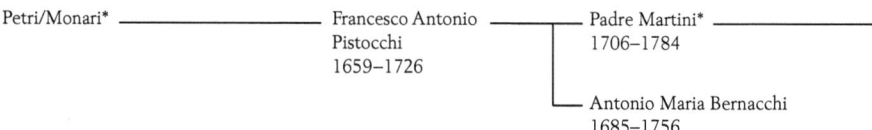

Petri/Monari* ——————— Francesco Antonio ——————— Padre Martini* ——————
                        Pistocchi   1706–1784
                        1659–1726

—— Antonio Maria Bernacchi
1685–1756

Ferdinando Gasparo Bertoni ——— Gasparo Pacchierotti
1725–1813   1740–1821

Giovanni Battista Mancini*
1714–1800

Sensino
(*Francesco Bernardi*)
ca. 1680–1750

Johann Ignaz Ludwig Fischer
1745–1825 (*1. Osmin*)

Anton Raaff
1714–1797 (*1. Idomeneo*)

Giovanni Carestini
1705–1760

Bernardo Mengozzi
1758–1800

Giuseppe Concone*
1801–1861

Caselli ——————————— Johann Aloys Miksch ——— Wilhelmine Schroeder-Devrient
                                             1765–1845   1804–1860

                                             Josef Gänsbacher ————— Anton Mitterwurzer
                                             1829–1911   1818–1876

MANUEL GARCÍA d. J.

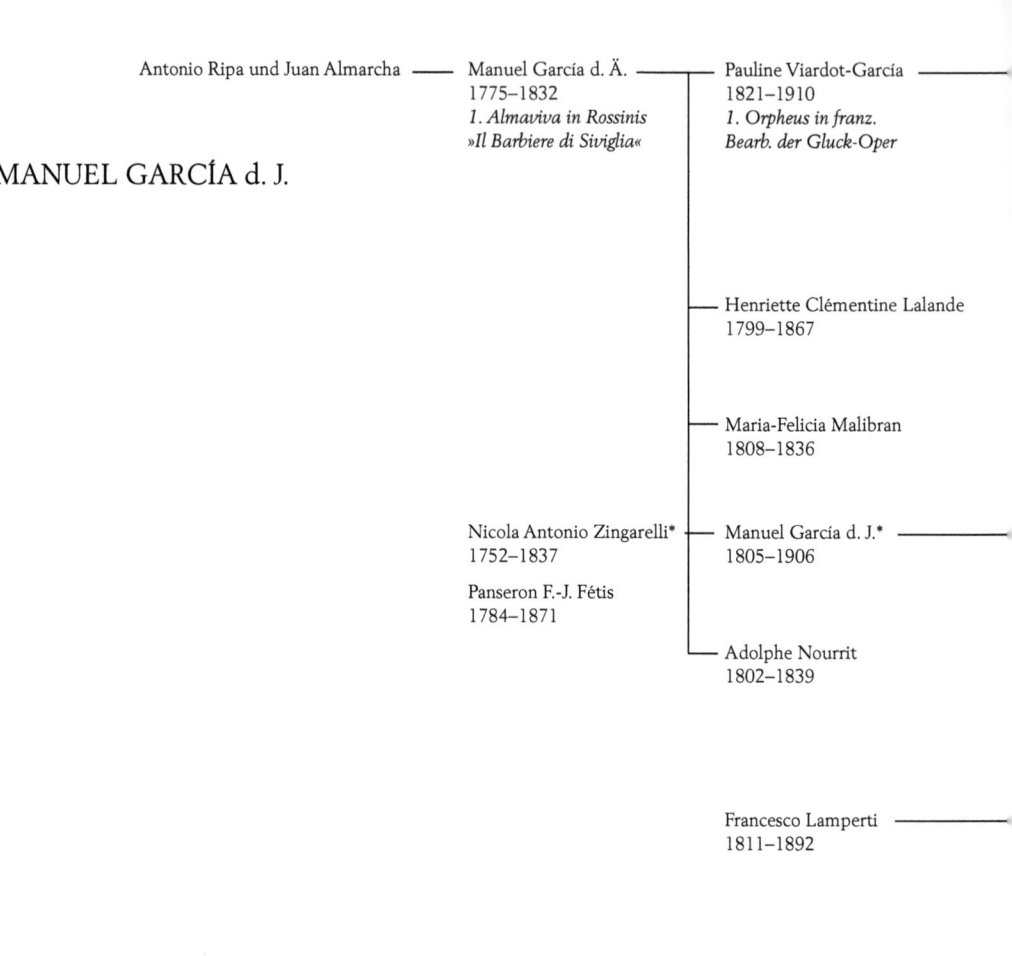

Antonio Ripa und Juan Almarcha ——— Manuel García d. Ä.
1775–1832
1. Almaviva in Rossinis
»Il Barbiere di Siviglia«

Pauline Viardot-García
1821–1910
1. Orpheus in franz.
Bearb. der Gluck-Oper

Henriette Clémentine Lalande
1799–1867

Maria-Felicia Malibran
1808–1836

Nicola Antonio Zingarelli*
1752–1837

Panseron F.-J. Fétis
1784–1871

Manuel García d. J.*
1805–1906

Adolphe Nourrit
1802–1839

Francesco Lamperti
1811–1892

Franz Stockhausen
1792–1868

176

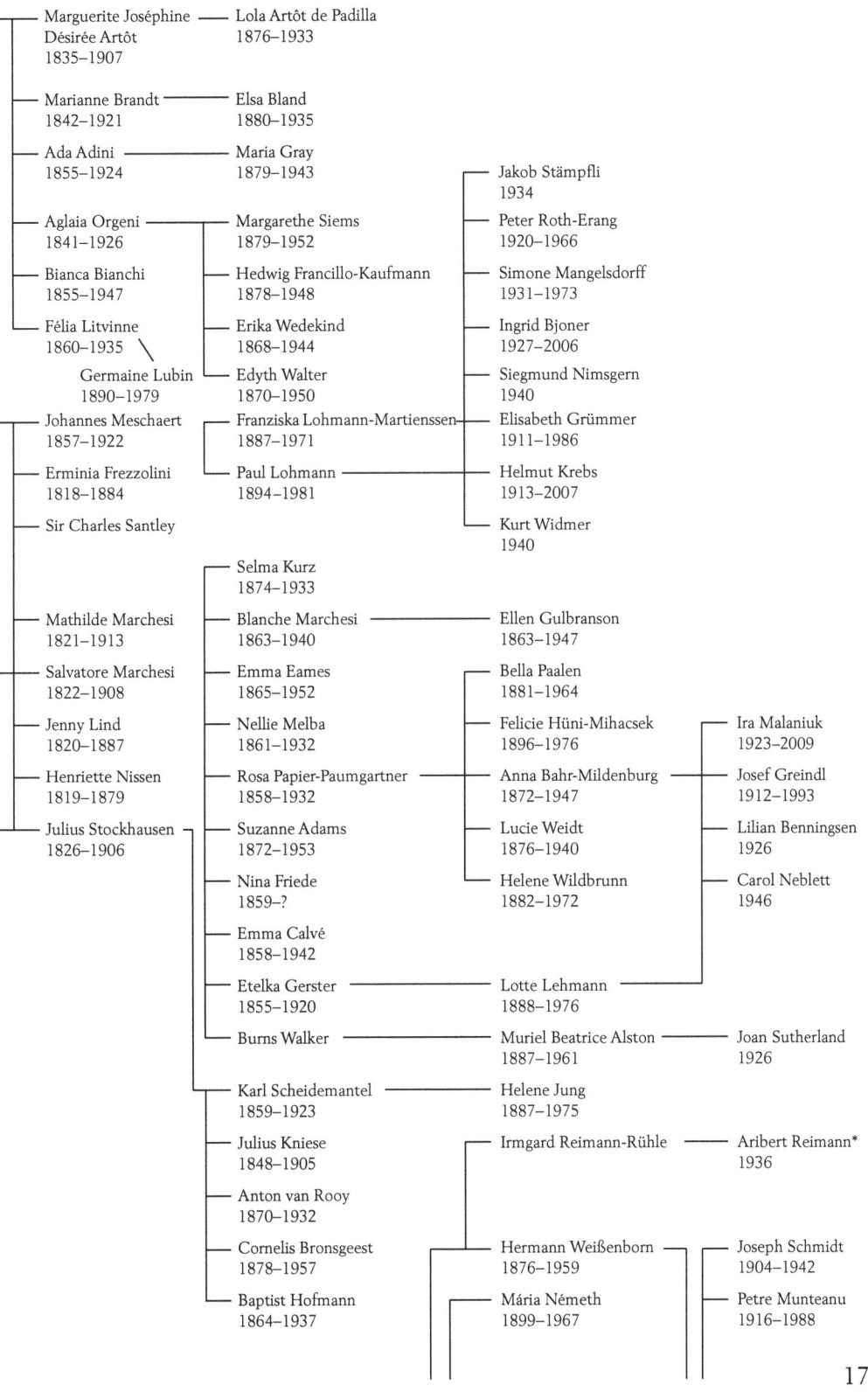

Marguerite Joséphine —— Lola Artôt de Padilla
Désirée Artôt   1876–1933
1835–1907

Marianne Brandt —————— Elsa Bland
1842–1921   1880–1935

Ada Adini ————————————— Maria Gray
1855–1924   1879–1943   Jakob Stämpfli
                                                                 1934

Aglaia Orgeni ——————— Margarethe Siems   Peter Roth-Erang
1841–1926   1879–1952   1920–1966

Bianca Bianchi ——————— Hedwig Francillo-Kaufmann   Simone Mangelsdorff
1855–1947   1878–1948   1931–1973

Félia Litvinne ——————— Erika Wedekind   Ingrid Bjoner
1860–1935   \   1868–1944   1927–2006

        Germaine Lubin —— Edyth Walter   Siegmund Nimsgern
        1890–1979   1870–1950   1940

Johannes Meschaert —— Franziska Lohmann-Martienssen— Elisabeth Grümmer
1857–1922   1887–1971   1911–1986

Erminia Frezzolini ——— Paul Lohmann   Helmut Krebs
1818–1884   1894–1981   1913–2007

Sir Charles Santley   Kurt Widmer
                                                                 1940

                              Selma Kurz
                              1874–1933

Mathilde Marchesi ——— Blanche Marchesi —————— Ellen Gulbranson
1821–1913   1863–1940   1863–1947

Salvatore Marchesi ——— Emma Eames   Bella Paalen
1822–1908   1865–1952   1881–1964

Jenny Lind ——————————— Nellie Melba   Felicie Hüni-Mihacsek ——— Ira Malaniuk
1820–1887   1861–1932   1896–1976   1923–2009

Henriette Nissen —————— Rosa Papier-Paumgartner —— Anna Bahr-Mildenburg —— Josef Greindl
1819–1879   1858–1932   1872–1947   1912–1993

Julius Stockhausen —— Suzanne Adams   Lucie Weidt   Lilian Benningsen
1826–1906   1872–1953   1876–1940   1926

                              Nina Friede   Helene Wildbrunn —— Carol Neblett
                              1859–?   1882–1972   1946

                              Emma Calvé
                              1858–1942

                              Etelka Gerster ——————— Lotte Lehmann
                              1855–1920   1888–1976

                              Burns Walker ——————— Muriel Beatrice Alston —— Joan Sutherland
                                                                 1887–1961   1926

                              Karl Scheidemantel —— Helene Jung
                              1859–1923   1887–1975

                              Julius Kniese   Irmgard Reimann-Rühle —— Aribert Reimann*
                              1848–1905   1936

                              Anton van Rooy
                              1870–1932

                              Cornelis Bronsgeest   Hermann Weißenborn —— Joseph Schmidt
                              1878–1957   1876–1959   1904–1942

                              Baptist Hofmann   Mária Németh   Petre Munteanu
                              1864–1937   1899–1967   1916–1988

177

PARIS

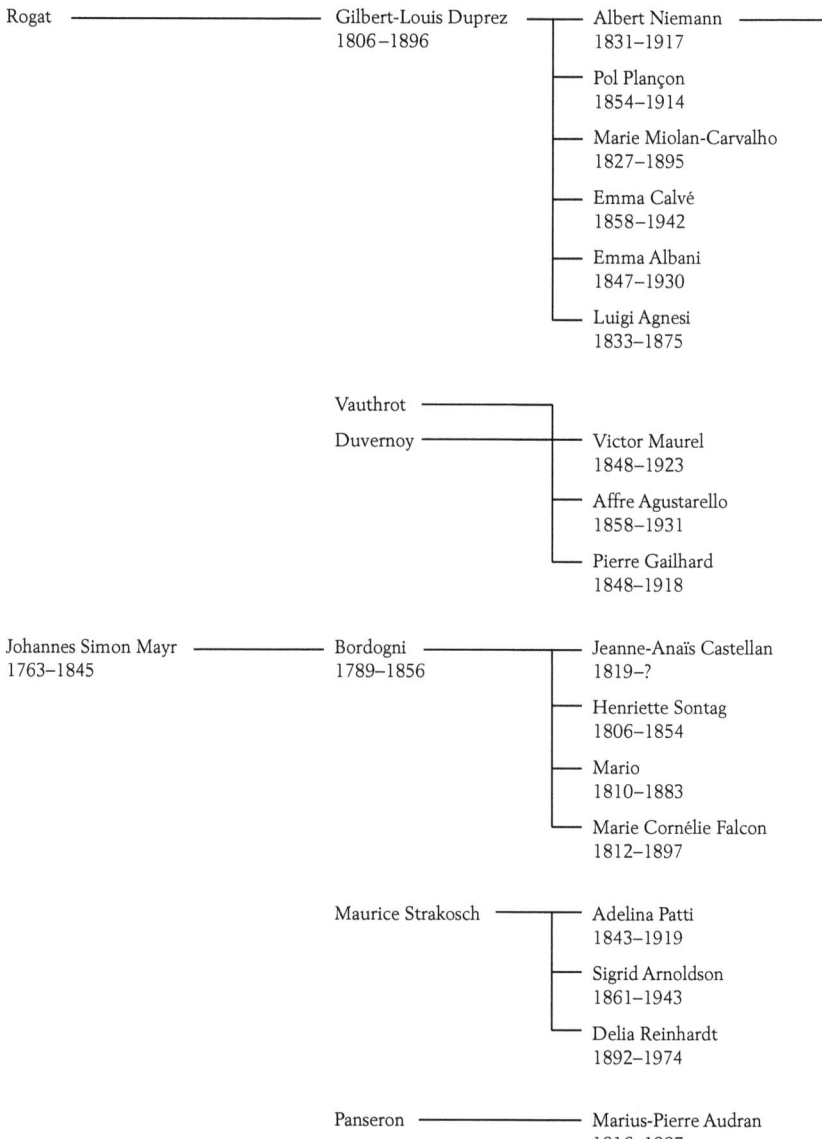

Rogat ———————————— Gilbert-Louis Duprez
1806–1896

— Albert Niemann ——————————
1831–1917

— Pol Plançon
1854–1914

— Marie Miolan-Carvalho
1827–1895

— Emma Calvé
1858–1942

— Emma Albani
1847–1930

— Luigi Agnesi
1833–1875

Vauthrot ————————

Duvernoy ————————

— Victor Maurel
1848–1923

— Affre Agustarello
1858–1931

— Pierre Gailhard
1848–1918

Johannes Simon Mayr ——————— Bordogni
1763–1845   1789–1856

— Jeanne-Anaïs Castellan
1819–?

— Henriette Sontag
1806–1854

— Mario
1810–1883

— Marie Cornélie Falcon
1812–1897

Maurice Strakosch ————

— Adelina Patti
1843–1919

— Sigrid Arnoldson
1861–1943

— Delia Reinhardt
1892–1974

Panseron ————————————— Marius-Pierre Audran
1816–1887

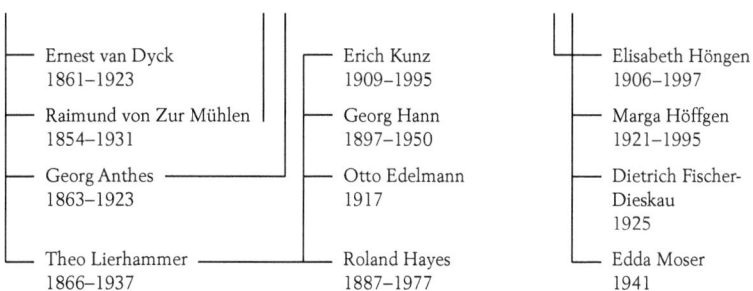

Ernest van Dyck
1861–1923

Raimund von Zur Mühlen
1854–1931

Georg Anthes
1863–1923

Theo Lierhammer
1866–1937

Erich Kunz
1909–1995

Georg Hann
1897–1950

Otto Edelmann
1917

Roland Hayes
1887–1977

Elisabeth Höngen
1906–1997

Marga Höffgen
1921–1995

Dietrich Fischer-
Dieskau
1925

Edda Moser
1941

Mathieu Ahlersmeyer
1896–1979

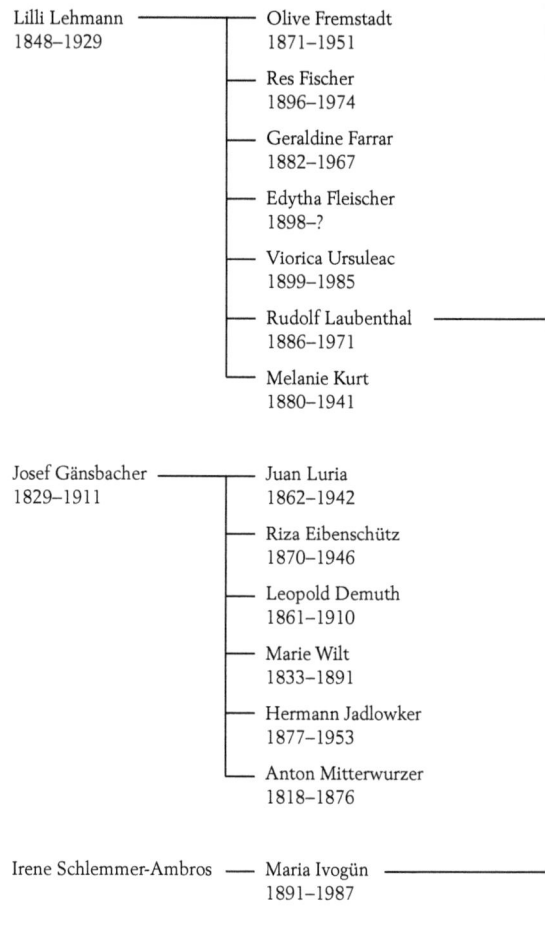

Lilli Lehmann — Olive Fremstadt
1848–1929   1871–1951

— Res Fischer
  1896–1974

— Geraldine Farrar
  1882–1967

— Edytha Fleischer
  1898–?

— Viorica Ursuleac
  1899–1985

— Rudolf Laubenthal —
  1886–1971

— Melanie Kurt
  1880–1941

Josef Gänsbacher — Juan Luria
1829–1911   1862–1942

— Riza Eibenschütz
  1870–1946

— Leopold Demuth
  1861–1910

— Marie Wilt
  1833–1891

— Hermann Jadlowker
  1877–1953

— Anton Mitterwurzer
  1818–1876

Irene Schlemmer-Ambros — Maria Ivogün —
                         1891–1987

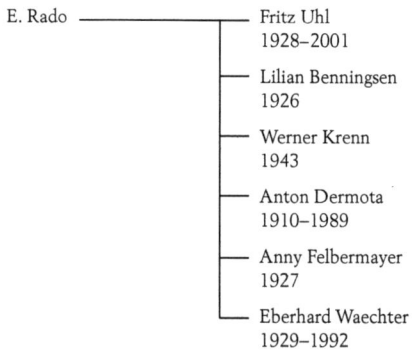

E. Rado — Fritz Uhl
          1928–2001

— Lilian Benningsen
  1926

— Werner Krenn
  1943

— Anton Dermota
  1910–1989

— Anny Felbermayer
  1927

— Eberhard Waechter
  1929–1992

Horst Laubenthal
1938

Elisabeth Schwarzkopf
1915–2006

Rita Streich
1920–1987

Renate Holm
1931

BOLOGNA

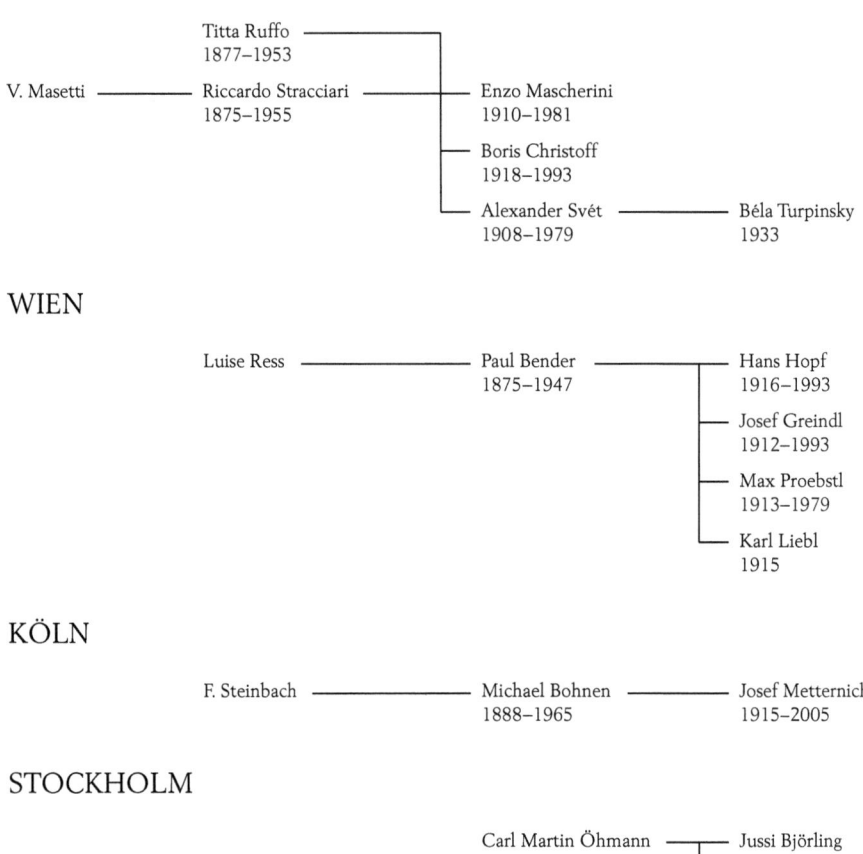

Titta Ruffo
1877–1953

V. Masetti ——— Riccardo Stracciari ——— Enzo Mascherini
1875–1955 1910–1981

Boris Christoff
1918–1993

Alexander Svét ——— Béla Turpinsky
1908–1979 1933

WIEN

Luise Ress ——— Paul Bender ——— Hans Hopf
1875–1947 1916–1993

Josef Greindl
1912–1993

Max Proebstl
1913–1979

Karl Liebl
1915

KÖLN

F. Steinbach ——— Michael Bohnen ——— Josef Metternich
1888–1965 1915–2005

STOCKHOLM

Carl Martin Öhmann ——— Jussi Björling
1887–1967 1907–1960

Nicolai Gedda
1925

Martti Talvela
1934–1989

MODENA

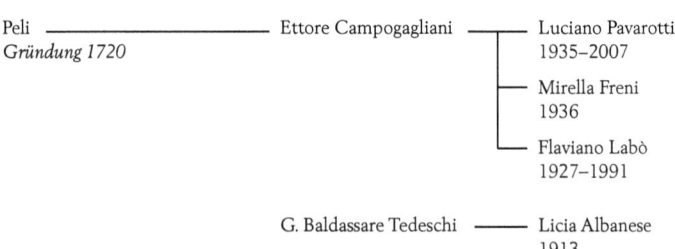

Peli ——— Ettore Campogagliani ——— Luciano Pavarotti
Gründung 1720 1935–2007

Mirella Freni
1936

Flaviano Labò
1927–1991

G. Baldassare Tedeschi ——— Licia Albanese
1913

PADUA

Aureliano Pertile ——————— Maria Corelli
1885–1952   1920

BERLIN

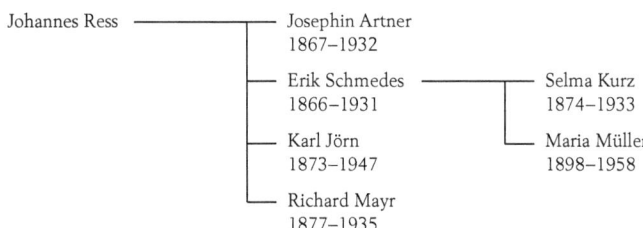

Johannes Ress ——————— Josephin Artner
                                      1867–1932

                                      Erik Schmedes ——————— Selma Kurz
                                      1866–1931   1874–1933

                                      Karl Jörn   Maria Müller
                                      1873–1947   1898–1958

                                      Richard Mayr
                                      1877–1935

POLEN

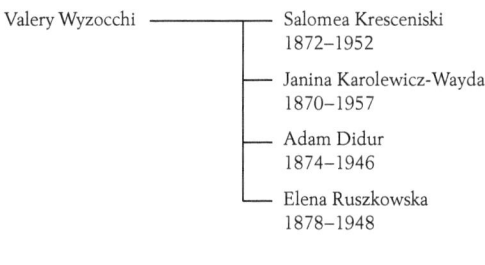

Valery Wyzocchi ——————— Salomea Kresceniski
                                      1872–1952

                                      Janina Karolewicz-Wayda
                                      1870–1957

                                      Adam Didur
                                      1874–1946

                                      Elena Ruszkowska
                                      1878–1948

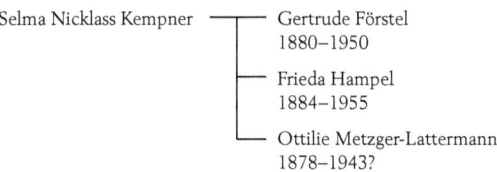

Selma Nicklass Kempner ——————— Gertrude Förstel
                                              1880–1950

                                              Frieda Hampel
                                              1884–1955

                                              Ottilie Metzger-Lattermann
                                              1878–1943?

DDR

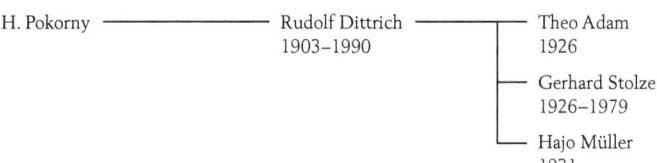

H. Pokorny ——————— Rudolf Dittrich ——————— Theo Adam
                            1903–1990   1926

                                                              Gerhard Stolze
                                                              1926–1979

                                                              Hajo Müller
                                                              1931

TURIN

Pugnani

Piacenza Gervasini

ROM

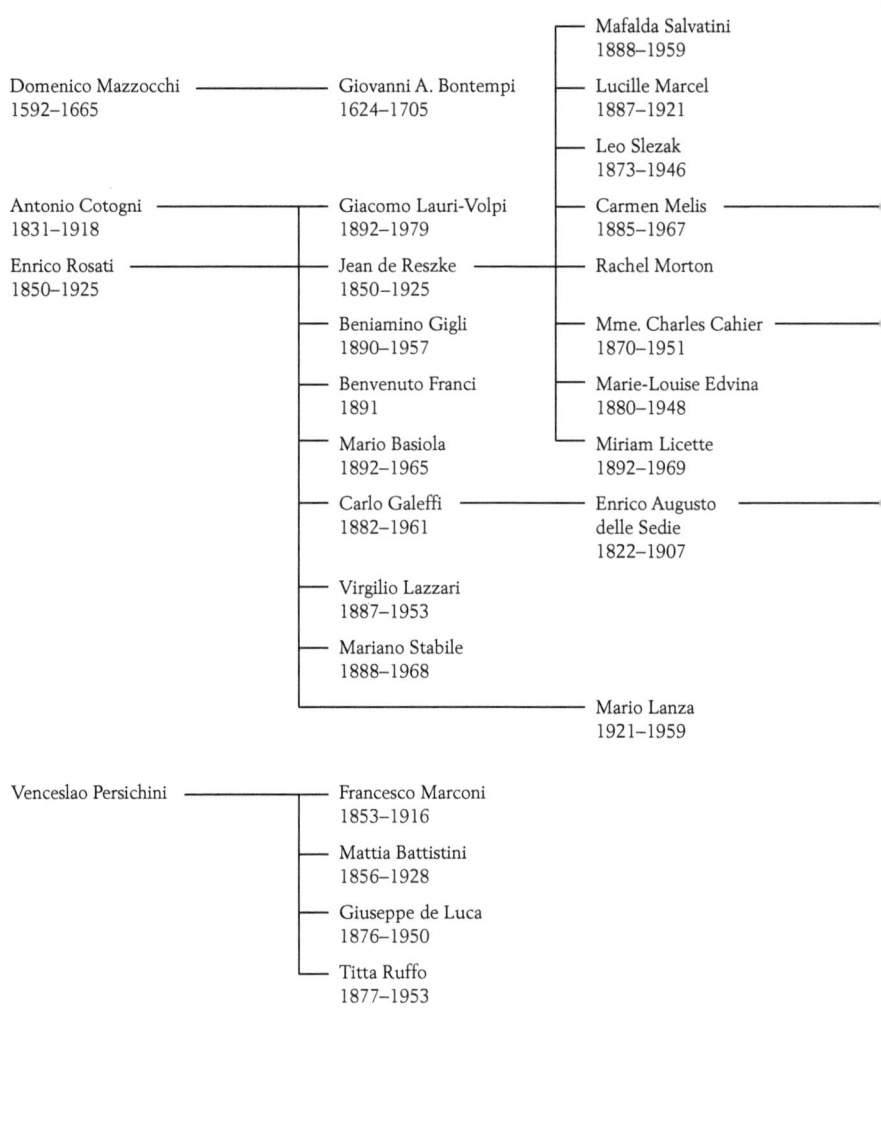

V. Ugolini ———————————— Baldassare Ferri
1610–1680

Mafalda Salvatini
1888–1959

Domenico Mazzocchi ————— Giovanni A. Bontempi —— Lucille Marcel
1592–1665   1624–1705   1887–1921

Leo Slezak
1873–1946

Antonio Cotogni ————————— Giacomo Lauri-Volpi —— Carmen Melis ————
1831–1918   1892–1979   1885–1967

Enrico Rosati ————————————— Jean de Reszke ———— Rachel Morton
1850–1925   1850–1925

Beniamino Gigli ———— Mme. Charles Cahier ————
1890–1957   1870–1951

Benvenuto Franci ———— Marie-Louise Edvina
1891   1880–1948

Mario Basiola ———— Miriam Licette
1892–1965   1892–1969

Carlo Galeffi ———— Enrico Augusto ————
1882–1961   delle Sedie
                      1822–1907

Virgilio Lazzari
1887–1953

Mariano Stabile
1888–1968

Mario Lanza
1921–1959

Venceslao Persichini ——————— Francesco Marconi
1853–1916

Mattia Battistini
1856–1928

Giuseppe de Luca
1876–1950

Titta Ruffo
1877–1953

NEAPEL

Barbara Marchisio ————— Toti dal Monte ————
1833–1919   1893–1975

Rosa Raisa
1893–1963

—— Renata Tebaldi
1922–2004

—— Anday Rosette
1903–1977
—— Göta Ljungberg
1893–1955

—— Alessandro Bonci
1870–1940

—— Wilma Lipp
1925

MAILAND

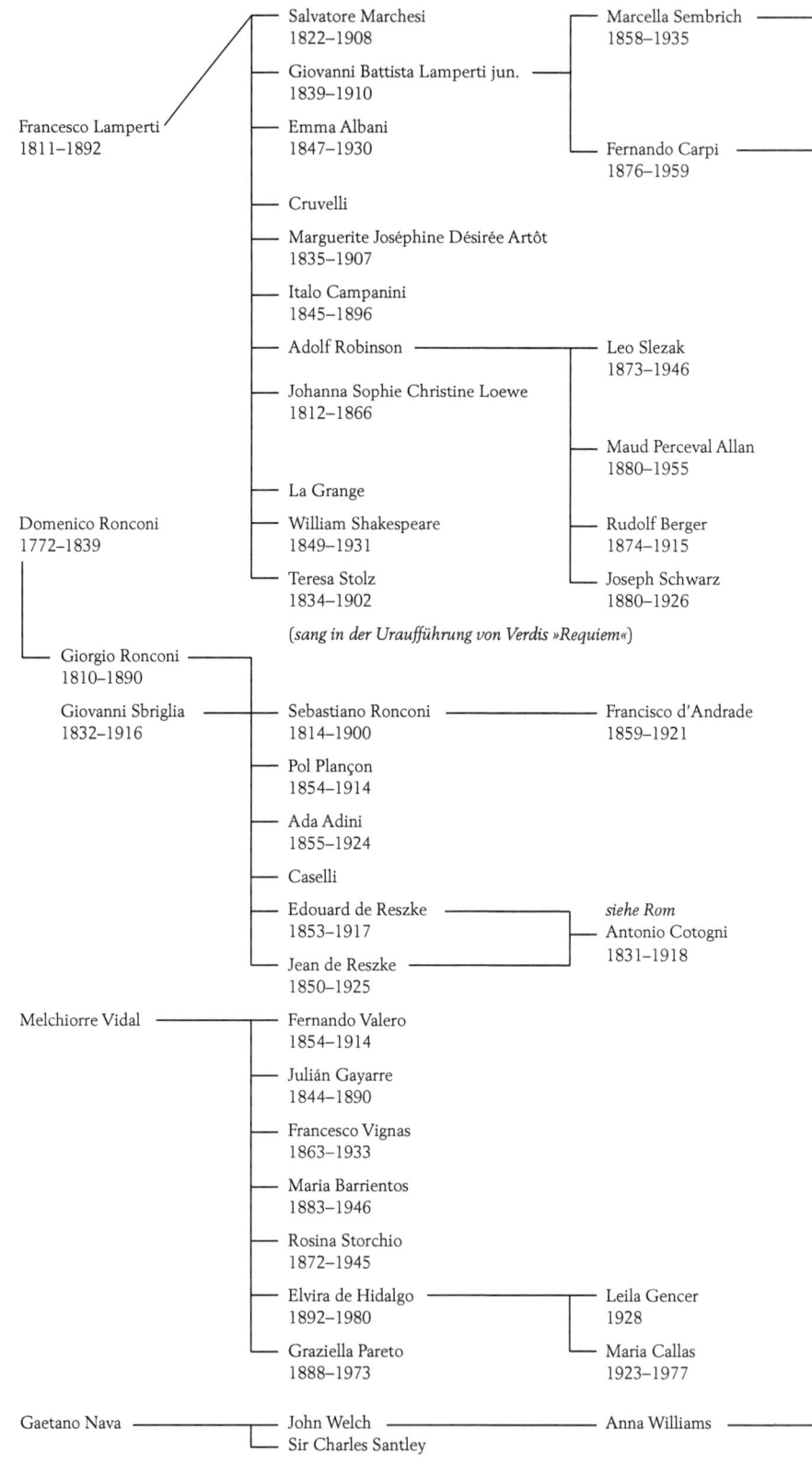

Francesco Lamperti
1811–1892

Salvatore Marchesi
1822–1908

Giovanni Battista Lamperti jun.
1839–1910

Emma Albani
1847–1930

Cruvelli

Marguerite Joséphine Désirée Artôt
1835–1907

Italo Campanini
1845–1896

Adolf Robinson

Johanna Sophie Christine Loewe
1812–1866

La Grange

William Shakespeare
1849–1931

Teresa Stolz
1834–1902

(*sang in der Uraufführung von Verdis »Requiem«*)

Marcella Sembrich
1858–1935

Fernando Carpi
1876–1959

Leo Slezak
1873–1946

Maud Perceval Allan
1880–1955

Rudolf Berger
1874–1915

Joseph Schwarz
1880–1926

Domenico Ronconi
1772–1839

Giorgio Ronconi
1810–1890

Giovanni Sbriglia
1832–1916

Sebastiano Ronconi
1814–1900

Pol Plançon
1854–1914

Ada Adini
1855–1924

Caselli

Edouard de Reszke
1853–1917

Jean de Reszke
1850–1925

Francisco d'Andrade
1859–1921

siehe Rom
Antonio Cotogni
1831–1918

Melchiorre Vidal

Fernando Valero
1854–1914

Julián Gayarre
1844–1890

Francesco Vignas
1863–1933

Maria Barrientos
1883–1946

Rosina Storchio
1872–1945

Elvira de Hidalgo
1892–1980

Graziella Pareto
1888–1973

Leila Gencer
1928

Maria Callas
1923–1977

Gaetano Nava

John Welch

Sir Charles Santley

Anna Williams

Dusolina Giannini
1902–1986

Alama Gluck
1884–1938

Zinka Milanov
1906–1989

Jussi Björling
1907–1960

Suzanne Danco
1911–2000

Otakar Kraus
1909–1980

Ernst Haefliger
1919–2007

MariaTauberová
1911–2003

Geraint Evans
1922–1992

Gwyneth Jones
1936

Ottavio Arevolo

Hedwig Fassbender

Renato Girolami

Akiko Hasegawa

Keiki Igata

Noako Ihara

Kento Ishii

Regina Klepper

Françoise Pollet

Eleanor Jones-Hudson
1874–1946

Glossar

a cappella: »nach Art der Kapelle (Kirche)« mehrstimmiger Chorgesang
  ohne Instrumentalbegleitung
Antiphonar: Sammlung von Gesängen des kirchlichen Stundengebets
Appoggiatura: Vorhalt und Vorschlag, eine Verzierungsart
Arie: Sologesang mit Instrumentalbegleitung
Arioso: liedmäßiges Tonstück, melodischer Einschub in oder vor Rezitativ
  oder Arie, ohne bestimmte Form
Arpeggiatur: Reihe gebrochener Akkorde
Arpeggio: nacheinander ertönende Klänge eines Akkords

Bruststimme: siehe Vollstimmfunktion

Cantus firmus: eine frei erfundene oder anderen Quellen entnommene
  Melodie, die einem Tonstück zugrunde gelegt wird
Cantus planus: der mit Choralnoten aufgezeichnete Gregorianische
  Kirchengesang
Cavum laryngis: alle inneren Räume des Kehlkopfes oberhalb der Stimm-
  lippen
chromatische Tonleiter: zwölf Stufen, die sieben Haupttöne werden durch
  Versetzungszeichen, die die Noten erhöhen oder erniedrigen, verändert
  (fis, gis, b)
crescendieren: an Tonstärke wachsen, Gegenteil: decrescendieren

da capo-Arie: Arie, in der der erste Teil mit improvisierten Verzierungen
  wiederholt wird
diatonische Tonleiter: sieben Stufen, Fortschreitung in Ganz- oder Halbtönen
Diminution: 1) Verkürzung eines Themas durch Verwendung kleiner Noten-
  werte, 2) Variierende Verzierung
Dionysien: Aufführung der Tragödien und Komödien im alten Griechenland. Deren Entstehung ist von Dionysos und seinem Kult nicht zu
  trennen.

Epinikion: der von einem Chor vorgetragene Preisgesang auf die Sieger in
  den großen Nationalspielen der alten Griechen
Esclamatio viva: Schwellton, beginnend und endend im *ff*, dazwischen Abschwellen auf *p*

Esclamatio languida: Schwellton, beginnend im *p*, anschwellend auf *f*, abschwellend auf *p* und am Schluss nochmals kurz anschwellend auf *ff*

Falsett: Fistelstimme. Eine besondere Art der Behandlung der menschlichen Stimme, bei der die Stimmbänder nicht wie bei der vollen, natürlichen Stimme in ihrer ganzen Ausdehnung, sondern dauernd geöffnet, nur an ihren Rändern schwingen. Falsett wird vor allem zum Hervorbringen hoher Töne angewandt (siehe auch Register).

Falsettisten: Im 15. und im 16. Jahrhundert führten sie die Sopran- und Altstimmen im Falsett aus, wenn geeignete Knabenstimmen fehlten. Im 17. und im 18. Jahrhundert wurden sie durch die Kastraten verdrängt.

Frottola: munteres Tanzliedchen in Italien

gedecktes Singen: Singen mit einem verlängerten Ansatzrohr, wodurch der Klang dunkler und obertonreicher wird. Vor allem anzuwenden in den kritischen Übergangsbereichen zwischen den Stimmfunktionen bei Männerstimmen

glissando: das auf- oder abwärts verlaufende schnelle Durchgleiten eines Tonraumes

Gruppetto: Verzierungsart

Gymnopädien: Fest in Sparta zu Ehren Apollos, benannt nach den dabei nackt auftretenden Tänzern

Hexachord: Aufeinanderfolge von sechs Tönen einer Tonleiter, Sechstonreihe

Kadenz: die ein Musikstück oder einen Teil eines Stückes abschließende Akkordfolge

Kantate: ein mehrteiliges, instrumental begleitetes Solostück mit lyrischen oder dramatischen Texten (seit 1620)

Kantilene: getragene sangbare Melodie.

Kithara: das wichtigste Saiteninstrument der Griechen. Aus dem Wort entwickelten sich später Gitarre und Zither.

Koloratur: eine Ausschmückung und Verzierung einer Melodie mit umspielenden Tönen

Kommissur: Im Bereich des Kehlkopfes unterscheidet man zwischen der vorderen und der hinteren Kommissur. Die vordere Kommissur wird durch den gelben Fleck gebildet, wo beide Stimmbänder hinter der Schildknorpelvorderkante sich miteinander vereinen. Die hintere Kommissur wird durch die Stellknorpel und die dazwischen liegende Schleimhaut gebildet.

Kopfstimme: siehe Randstimmfunktion
Kyrie eleison: Bittruf

Lamento: Klagegesang
legato: gebunden; Aneinanderreihung aufeinanderfolgender Töne ohne
    Unterbrechung des Atemstromes. Gegenteil: *staccato*

Madrigal: ein mehrstimmiges weltliches Kunstlied. Blütezeit 16. und
    17. Jahrhundert
martellando, Martellato: hämmernd; kurz, kräftig und hart betont
Melisma: melodiöse Verzierung, Koloratur
Messa di voce: An- und Abschwellen der Stimme, Einstellen der Stimme
Mezzavoce: mit halber Stimme singen
Mittelstimme, Mittelstimmfunktion: Stimmfunktionsbereich, in dem die
    mittleren Partien der Stimmlippenmuskulatur an der Tonproduktion
    beteiligt sind
Monodie: Alleingesang um 1600. Merkmale: klare Melodieführung und
    akkordische Begleitung. Damit wurde die Oper begründet.
Morgagnische Ventrikel: Einkerbungen zwischen den richtigen und den
    falschen Stimmbändern, also zwischen den Stimmlippen und den
    Taschenfalten, die von mehreren Autoren als in ihrer Formgebung wichtig
    für die Strahlfähigkeit einer Gesangstimme angesehen werden
Motette: eine Form der vokalen Polyphonie, eine mehrstimmige Vertonung
    eines geistlichen Textes für Singstimmen

Neumen: die ältesten Tonschriftzeichen der frühmittelalterlichen Musik,
    bestehend aus Punkten, Strichen, Bogen und Häkchen. Sie geben die Ton-
    bewegung nur ungefähr an (Steigen und Fallen der Melodie, Zugehörig-
    keit einer Tongruppe zu einer Textsilbe) und sind daher schwer zu
    entziffern.
None: das Intervall, das einen Grundton mit seiner neunten Stufe verbindet

Opera buffa: Komische Oper
Opera seria: ernste Oper

Päan: feierlicher Gesang
Panathenäen: in Athen das im Hochsommer gefeierte Hauptfest der Athene
Passage: Übergang zwischen den Themen oder Hauptmotiven eines musika-
    lischen Satzes

Phonation: Tonerzeugung

Phrase: zusammengehörige, einen Sinn ergebende Gruppe von Tönen oder Klängen

pizzicato: Spielanweisung bei Streichinstrumenten: die Saiten mit den Fingern gezupft

portamento: ein gepflegtes Legato, das ein wenig alle Zwischenstufen eines Intervalls hören lässt, also dem Glissando ähnelt

Pralltriller: eine Verzierung nach oben ausgeführt

Randstimmfunktion: Stimmfunktionsbereich, in dem das Stimmlippenepithel mit seinen Randkantenverschiebungen die Tonproduktion hervorruft

Register: Bei einer gut ausgebildeten Gesangstimme sind zwei verschiedene Arten der Tonproduktion zu beobachten: einmal durch vollständiges periodisches Schließen der Glottis (Normalregister) und zum andern durch eine Verwirbelung der Luft in einem starr offenstehenden Glottisspalt (Pfeifregister oder Falsett)

Resonanzräume: Resonanzräume der Stimme bestehen aus Resonatoren und Filter. Resonatoren – Körper, die in Schwingung versetzt werden und diese Schwingungen nach außen abstrahlen können. Für die menschliche Stimme: Brustraum und Zahnreihen. Filter – Körper, der Obertöne siebt, wobei Formanten durchdringen. Für die menschliche Stimme: Ansatzrohr

Rezitativ: Sprechgesang in Oper, Oratorium, Kantate u. a. Dramatische Deklamation auf für jede Silbe festgelegter Tonhöhe. Als Recitativo secco mit einzelnen untermalenden Akkorden oder als Recitativo accompagnato mit reicherer, meist instrumentaler Begleitung

Rhapsode: führender Sänger in Griechenland

Roulade: perlender Lauf

rubato: Musik nicht im strengen Zeitmaß

Solfeggio: auf die Solmisationssilben gesungene Gesangübung

Solmisation: die von Guido von Arezzo um 1026 eingeführte und jahrhundertelang gebräuchliche Methode, durch bestimmte Tonsilben die Stufen der Sechstonreihe und damit den Unterschied von Ganz- und Halbtönen sinnfällig zu bezeichnen: ut (do), re, mi, fa, sol, la

staccato: Aufeinanderfolgende Töne werden beim Singen nicht gebunden, sondern deutlich voneinander getrennt (gestoßen). Gegenteil: *legato*

Tetrachord: die von den Saiten der Kithara bestimmte viertönige Grundstufe der griechischen Melodienlehre

Tonalität: eine Tonsprache, in der die zwölf Töne auf einen Zentralton bezogen sind, der Ausgangspunkt einer Tonleiter ist. Dieses Gefüge wurde Ende 19., Anfang 20. Jahrhundert gelockert und führte über verschiedene Stufen, wie freie Harmonik, zur freitonalen Musik.

tremolo: Zittern, Beben; das Schwanken der Tonhöhe

Triole: eine Figur von drei Noten anstelle von zwei oder vier gleichwertigen

Verismus: Kunstrichtung, die von der Nachahmung der Realität ausgeht. Als sich der literarische Realismus in der zweiten Hälfte des 19. Jahrhunderts, etwa durch Zola und Ibsen, neue Ausdrucksmöglichkeiten erschloss, folgte die Oper. Vertreter des Verismus waren Verdi und Puccini.

Vibrato: leichtes Zittern oder Beben des Tones

Voix mixte: besonders bei französischen Tenören beliebte Mischung der Voll- und Randstimmfunktion

Voix sombrée: verdunkelte Stimme durch Heraufziehen der Vollstimmfunktion (Bruststimme), insbesondere von den Tenören Duprez und Donzelli eingesetzt

Vokalise: Singübung nur mit Vokalen oder Silben

Vollstimmfunktion: Stimmfunktionsbereich, in dem die Stimmlippen in voller muskulärer Länge und Tiefe schwingen

Literaturverzeichnis

Academy of Teachers of Singing, *Terminology in the Field of Singing*, Schirmer, New York 1969

Adler, Guido (Hrsg.), *Handbuch der Musikgeschichte*, dtv Wissenschaftliche Reihe, 3 Bde., München 1975

Adler, K., *Phonetics and Diction in Singing*, Italian, French, Spanish, German, University of Minnesota Press, Minneapolis 1967

Arezzo, Guido von, *Micrologus de disciplina artis musicae*. Epistola de ignoto cantu

Bantock, *One Hundred Songs of England*, Boosey

Barret, *Twenty Songs of Arne*, Novello

Barth, Volker, *Die Lupenstroboskopie als Möglichkeit der Funktionsdiagnostik von Stimmstörungen und Stimmlippenprozessen*, Richard Wolf GmbH, Knittlingen 1982

Becker, G., *Arie Scelte*, G. Ricordi

Bettmann, Otto, und Lang, Paul Henry, *A Pictorial History of Music*, W. W. Norton & Company Inc., New York 1960

Blume, Friedrich (Hrsg.), *Die Musik in Geschichte und Gegenwart. Allgemeine Enzyklopädie der Musik*, Bde. 1–14, Kassel 1949–1968

Bontempi, Giovanni Andrea, *Historia musica*, Perugia 1965

Bovicelli, Giovanni Battista, *Regole, Passagi di Musica, Madrigali e Motetti, Passeggiati etc.*, Venetia 1636

Brower, Harriet, *Vocal Mastery*, Frederick A. Stokes Co., New York 1920

Bücher, Karl, *Arbeit und Rhythmus*, Leipzig 1924

Burney, Charles, *The Present State of Music in France and Italy*, London 1771 (Deutsch von C. D. Ebeling: *Carl Burneys Tagebuch der Musik, einer musikalischen Reise durch Frankreich und Italien*, Hamburg 1772)

Caccini, Giulio (detto Romano), *Le nuove musiche*, Firenze 1601

Calvé, Emma, *My Life*, D. Appleton and Company, New York and London 1922

Camner, James (Hrsg.), *The Great Opera Stars in Historic Photographs*, Dover Publications Inc., New York 1978

Caruso, Dorothy, *Enrico Caruso, His Life and Death*, Simon and Schuster Inc., New York 1945

Chase, Gilbert, *The Music of Spain*, Dover Publications Incorporated, New York 1959

Christy, A. van, *Espressive Singing*, WM.C. Brown Company Publishers Inc., Dubuque/Iowa 1961

Clintock, Carol Mac (Hrsg.), *The Solo Song 1580–1730*, A Norton Music Anthology, W. W. Norton & Company Inc., New York 1973

Coblenzer, Horst, und Muhar, Franz, *Atem und Stimme. Anleitung zum guten Sprechen*, Bd. 13, Österreichischer Bundesverlag für Unterricht und Wissenschaft, Wien 1976

Colorni, E., *Singer's Italian*, Schirmer, New York 1970

Dallapiccola, Luigi, *Italian Songs of the 17th and 18th Centuries*, International Music Co.

Dannreuther, Edward, *Musical Ornamentation*, 2 Bde., London 1893–1895

Dolmetsch, *Selected English Songs and Dialogues*, Boosey

Donati, Ignatio, *Il secondo libro de Motetti a voce solo*. Per Educatione de Figlioli et Figliole etc., Venetia 1636

Duprez, Gilbert Louis, *Souvenirs d'un Chanteur*, Paris 1888

Durante, Ottavio, *Arie devote, le quale in se contengono la Maniera di cantar con gratia l'imitation delle Parole et il modo di sonar passaggi et altri affetti*, Rom 1608

Edmunds, *Henry Purcell*, Row Music Co.

Ewerhart, *Cantio Sacra*, Bieler Köln

Fantoni, G., *Storia universale del canto*, 2. Bde., Battezzatti, Mailand 1873

Fellowes, *Fifty Dowland Songs*, Stainer and Bell

Fields, Victor Alexander, *Foundations of the Singers' Art*, Vantage Press, New York 1977

Fields, Victor Alexander, *The Singer's Glossary*, Boston Music Co., Boston

ders., *Training the Singing Voice*, King's Crown Press, London und New York 1947

Fischer, E., *Handbuch der Stimmbildung*, Schneider, Tutzing 1969

Frisell, A., *The Tenor Voice*, Bruce Publications, Boston 1964

Fuchs, Albert, *Italian Songs of the 18th Century*, International Music Co.

Fuchs, Viktor, *Die Kunst des Singens*, Bärenreiter, Kassel 1967

García, Manuel, *A Complete Treatise on the Art of Singing*, Teil II, hrsg. von D. V. Paschke, New York 1972 (orig. 1847, addition 1872)

ders., *García's Schule oder Die Kunst des Gesanges*, in abgekürzter Form hrsg. von F. Volbach, Teil I, Schott Musik International, Mainz

ders., *Hints on Singing*, 2. Ausg. von H. Klein, Ascherberg, London 1911

ders., in: *Musical Herald*, 1894

ders., *Traité complet de l'art du chant*, Teil I und II, Henzel, Paris 1884

Garde, E., *La voix. Que sais-je?* PUF, Paris 1954

Garlandaia, Giovanni da, *De musica mensurabili positio in »scriptorum de musica medii aevi novam seriem«*, Bd. 1, Paris 1864–1876

Gevaert, *Répertoire classique du chant Français*, Lemoine, Paris

Goldman, Lawrence Louis, *Der Kastrat*, Paul List Verlag, München 1974

Goldschmidt, Hugo, *Die italienische Gesangmethode des XVII. Jahrhunderts und ihre Bedeutung für die Gegenwart*, 2. Aufl., Leipzig 1978

Götzl, Emma, *Die Aussprache des Deutschen im Gesang*, Carl Haslinger, Wien

Habermann, Günther, *Stimme und Sprache. Eine Einführung in ihre Funktion und Hygiene*, Georg Thieme Verlag, Stuttgart 1978

Helmholtz, Hermann von, *Die Lehre von den Tonempfindungen als physiologische Grundlage für die Theorie der Musik*, Brunsvick 1863

Herbert-Caesari, E. F., *Science and Sensations of Vocal Tone*, Dent, London (repr.) 1968

ders., *The Voice of the Mind* (with introductory lesson by B. Gigli), Hale, London 1963

ders., *Vocal Truth* (Some of the Things I Teach), Cresendo, Boston 1969

Herzfeld, Friedrich, *Lexikon der Musik*, Verlag Ullstein, Frankfurt a. M. 1965

Hey, Julius, *Die Kunst des Sprechens* (Der kleine Hey), Schott Musik International, 49. Auflage Mainz 1999

Husler, F., *Das vollkommene Instrument*, Belser, Zürich-Stuttgart 1970

ders., und Rodd-Marling, Y., *Singen. Die physische Natur des Stimmorgans*, Schott Musik International, Mainz 1965, Neuausgabe 2001

Iro, Otto, *Diagnostik und Pädagogik der Stimmbildung*, Rud. Erdmann Verlag, Wiesbaden 1961

Isnardon, J., *Le chant théâtral*, Vieu, Paris 1911

Jeppesen, Knud, *La Flora*, Wilhelm Hansen

Johnson, R., *The Book of American Negro Spirtuals*, Viking Press

ders., *The Second Book of Negro Spirituals*, Viking Press

Kagen, Sergius, *Arias from Operas*, International Music Co.

ders., *Forty-five Arias by Handel*, International Music Co.

ders., *Music for the Voice. A Descriptive List of Concert and Teaching Material*, Indiana University Press Bloomington, London 1968

ders., *On Studying Singing*, Dover, New York 1950

Keller, Hermann, *Phrasierung und Artikulation*, Bärenreiter, Kassel 1955

Klein, H., *The Belcanto with Particular Reference to the Singing of Mozart*, Oxford University Press, London 1923

Landshoff, *Alte Meister des Bel Canto*, CF Peters

Lange, Kurt, und Hirmer, Max, *Aegypten, Architektur, Plastik, Malerei in drei Jahrtausenden*. Mit Beiträgen von Eberhard Otto und Christiane Desroches-Noblecourt, 4. bearb. und erw. Aufl., Hirmer Verlag, München 1967

Lauri-Volpi, Giacomo, *Voci Parallele*, Garzanti, Mailand 1955

Lehmann, Lilli, *Meine Gesangskunst*, Bote & Bock, Berlin 1909

Linde, Hans-Martin, *Kleine Anleitung zum Verzieren alter Musik*, Schott Musik International, Mainz 1958

Litvinne, F., *Ecole de chant – Exercises et conseils*, Ménestrel/Heug, Paris

Lohmann, P., *Die sängerische Einstellung*, Kahnt, Lindau

Mancini, Giambattista, *Pensieri e riflessioni pratiche sopra il canto figurato*, Wien 1774, in: A. Delle Corte, *Canto e bel canto*, Turin 1933

Marchesi, Mathilde, *Marchesi and Music. Passages from the Life of a Famous Singing Teacher*, Harper and Brothers, New York und London 1898

Marshall, M., *The Singer's Manual of English Diction*, Schirmer, New York 1953

Martienssen-Lohmann, F., *Der wissende Sänger*, Atlantis, Zürich 1956

Martini, A. de, *Histoire du chant*, in: *Encyclopédie de la musique et Dictionnaire du Conservatoire*, p. II, Bd. II, Delagrave, Paris 1926

Martini, Giambattista (Padre), *Briefe*, übersetzt und hg. von Ca Mara, in: *Musikerbriefe aus 5 Jahrhunderten*, 2 Bde., Leipzig 1886

Meano, C., *La voce umana nella parole e nel canto*, Ambrosiana, Mailand 1964

Méthode du Conservatoire de Paris, Paris Imprimerie du Conservatoire de Musique, Année 12 ma.

Moffat, *The Minstrelsy of England*, Bayley and Ferguson

Mohr, Andreas, *Handbuch der Kinderstimmbildung*, Schott Musik International, 3. Auflage Mainz 1999

Mori, Rachele Maragliano, *Coscienza della voce nella scuola italiana di canto*, Curci, Mailand 1970

Moser, *Alte Meister des deutschen Liedes*, Peters/Frankfurt

Musica Enchiriadis, älteste Schrift über mehrstimmige Musik, nach Forschungen von Müller und Morin dem Abt Hoger von Werden (gest. 902) zugeschrieben

Die Musik, Illustr. Halbmonatsschrift, hg. von Bernhard Schuster, 1. Jahrg., Verlag Schuster & Loeffler, Berlin 1902

Nohl, Ludwig, *Allgemeine Musikgeschichte*, Reclam, Leipzig

Panconcelli-Calzia, G., *3000 Jahre Stimmforschung*, N. G. Elwert, Marburg 1961

Panofka, E., *Abbecedario vocale (Metodo elementare di canto)*, Ricordi (testo ital./franz.), Mailand

Panzéra, C., *L'amour de chanter*, H. Lemoine, Paris 1957

ders., *L'art vocal – 30 leçons de chant*, Librairie théâtrale, (Paris) 1959

Parisotti, *Arie Antiche*, G. Schirmer

Parow, J., *Atemfibel*, Paracelsus-Verlag, Stuttgart 1967

Pfautsch, L., *English Diction for the Singer*, Lawson Gould/Schirmer, New York 1971

Pleasants, Henry, *The Great Singers*, Simon and Schuster, New York 1966

Praetorius, Michael, *Syntagmus musicae*, Bd. III, Kap. 9

Reid, Cornelius L., *Bel Canto. Principles and Practices*, Music House, New York 1972

ders., *The Free Voice* (A Guide to Natural Singing), Music House, New York 1972

Regnier, Winsel, *The Anatomy of Voice*, Hudson House Inc., New York

Reimann, *Das deutsche geistliche Lied*, Simrock

ders., *Das Deutsche Lied*, Simrock

Rose, A., *The Singer and the Voice*, Faber, London 1962

Rüdiger, Adolf, *Stimmbildung im Lied*, Moritz Diesterweg, München 1982

ders., *Stimmbildung im Schulchor, Handbuch für den Chorleiter und Chorheft*, Musikverlag Helbling, (1982)

Rutz, Ottmar, *Sprache, Gesang und Körperhaltung. Handbuch für Typenlehre*, C. H. Beck'sche Verlagsbuchhandlung, München 1911

Sachs, Curt, *Musik des Altertums*, Verlag Ferdinand Hirt, Breslau 1924

Sahavi, Zwi (Hrsg.), *Sprüche R. Nachmanns von Bratzlaw*, Kap. *Melodie und Tanz*, Auswahl aus dem Gedankengut und der Ethik des Judentums, Verlag Abraham Zioni, Tel Aviv

Schelle, Johann, *Päpstliche Singschule in Rom*, Wien 1872

Schering, Arnold, *Tabellen zur Musikgeschichte*, 5. Aufl. erg. von Hans Joachim Moser, Breitkopf & Härtel, Wiesbaden 1962

Scheufele-Osenberg, Margot, *Die Atemschule, Übungsprogramm für Sänger, Instrumentalisten und Schauspieler*, Schott Musik International, Mainz 1998

Schreiber, Wolfgang, *Edita Gruberová*, in: *Süddeutsche Zeitung*, März 1981

Scientific American, März 1979

Scott, Michael, *The Record of Singing*, 2 Bde., Gerald Duchworth & Co. Ltd., London 1979

Seeger, Horst, *Opernlexikon*, 2 Bde., 3. Aufl., Rowohlt TB, Hamburg 1982

Seidner, Wolfram, und Wendler, Jürgen, *Die Sängerstimme*, Henschelverlag Kunst und Gesellschaft, Berlin 1978

Shaw, George Bernard, *London Music in 1888–1889*, London 1937

Stader, M., *Wie Meister üben* (Gesang), Panton, Zürich 1967

Stein, Werner, *Der große Kulturfahrplan. Die wichtigsten Daten der Weltgeschichte bis heute in thematischer Übersicht*, Politik-Kunst-Religion-Wirtschaft, Herbig, München 1978

Die Stimme, S. 4502–4532, in: *Ciba-Zeitschrift*, Oktober 1950, Bd. 11, Nr. 123

Stockhausen, Julius, *Gesangsmethode*, 1884

Subirà, *Spanish Songs of the 18th Century*, International Music Co.

Swarowsky, Hans (Hrsg.), *W. A. Mozart, Solfeggien und Gesangsübungen*, Universal Edition, Wien 1956

Tosi, Pier Francesco, *Opinioni de' cantori antichi e moderni o sieno Osservazioni sopra il canto figurato*, Bologna 1732. (Übersetzt von Joh. Friedr. Agricola: *Anleitung zur Singkunst*, Celle 1757)

Vaccai, N., *Metodo pratico di canto italiano per camera*, 1833, Mailand 1962

Valle, Pietro de la, *Doni de preast, mus. II della musica dell'Eta nostra, che non e punto inferiore, anzi e migliore di quella dell'eta passata*, Al. Sign. Lelio Guidiccionoi, Discorso di Pietro Della Valle, 1640

Vennard, William, *Singing – the Mechanism and the Technic*, Carl Fischer Inc., New York 1967

Wagner, Riccardo, *Attori e cantanti – in l'ideale di Bayreuth*, prose a cura di F. Amoroso, Bompiani, Mailand 1940

Walbe, Joel, *Der Gesang Israels und seine Quellen*, Hans Christians Verlag, Hamburg 1975

Wilson, *Old English Melodies*, Boosey

Winckel, Fritz, in: *Handbuch der Stimme und Sprachheilkunde*, (hg. von) Luchsinger und Arnold, Bd. 1: *Stimme und ihre Störungen*, Springer-Verlag, Wien

Zacconi, Lodovico (Padre), *Prattica di musica*, B. Carampella, Venezia 1962

Zimmermann, Werner, *Kräfte des Atems. Folge 2. Atemsysteme, Yogaatmen, Stimmbildung*, Drei Eichen Verlag H. Kissener, München 9/1948

Lebenslauf Ernst Haefliger

Ernst Haefliger wurde am 6.7.1919 in Davos geboren. Bereits als junger Schüler erhielt er in Davos bei dem Bariton Willy Rössel ersten Gesangunterricht und führte mit diesem einzelne Szenen aus der *Matthäuspassion* konzertant auf. In der Klosterschule Wettingen entdeckte der Organist Karl Grenacher früh die musikalische Begabung Ernst Haefligers, die er durch intensiven Musikunterricht förderte. Nach Abschluss des Seminars studierte Ernst Haefliger am Zürcher Konservatorium Gesang (bei Prof. Leny Haefely) und Geige und wurde bei der Abschlussprüfung 1942 durch Dr. Volkmar Andreae spontan als Evangelist für die Karfreitagsaufführung 1943 der *Johannespassion* in Zürich engagiert. Durch ein Fortbildungsstudium bei Julius Patzak in München bereitete sich Haefliger auf diese Aufgabe vor. Die Aufführung legte den Grundstein zu einer äußerst erfolgreichen Karriere als Oratorien- und Liedsänger in der Schweiz. Von 1943 bis 1945 studierte Ernst Haefliger bei dem italienischen Tenor Fernando Carpi, um sich auf eine Opernlaufbahn vorzubereiten. Diese begann 1949 mit einem Engagement an die Salzburger Festspiele als erster Geharrnischter in Mozarts *Zauberflöte* unter Wilhelm Furtwängler. Es folgte die Verpflichtung als Teiresias in Orffs *Antigone* unter der Leitung von Ferenc Fricsay, mit dem eine intensive künstlerische Zusammenarbeit begann. Fricsay verpflichtete Ernst Haefliger an die Deutsche Oper Berlin, an der der Sänger von 1952 bis 1972 als erster lyrischer Tenor sämtliche Mozart- und Rossiniopern, Pfitzners *Palestrina*, und den Hans in Smetanas *Verkaufter Braut* interpretierte. Ferenc Fricsay, mit dem Ernst Haefliger in den 50er Jahren alle Mozartopern und Beethovens *Fidelio* bei der Deutschen Grammophon einspielte, war einer der wichtigsten künstlerischen Partner Ernst Haefligers. Auftritte mit Herbert von Karajan, z. B. in Wien 1951, bezeichnete der Künstler als »Sternstunden«, desgleichen Aufführungen mit Karl Böhm in Wien und Berlin, mit George Szell in Cleveland, mit Bruno Walter in New York und Carlo Maria Giulini in Chicago. Eine Paraderolle war für Ernst Haefliger Strawinskys *Oedipus Rex*, den er 1952 mit dem Komponisten am Dirigentenpult in München, New York und Toronto aufführte.

Wesentlich war für Ernst Haefliger die Begegnung mit Karl Richter in München, mit dessen Münchner Bachchor er zahlreiche Aufführungen der Bachschen Passionen gesungen und bei DGG eingespielt hat.

Als Liedersänger hat Ernst Haefliger alle Schubertzyklen, Janačeks *Tagebuch eines Verschollenen* (mit Rafael Kubelik am Klavier) interpretiert und bei DGG sowie Claves eingespielt. Als *Liedersänger with few peers* bezeichnete ihn die New York Times nach einem Auftritt in der New Yorker Carnegie Hall. Von

1971 bis 1981 unterrichtete Ernst Haefliger als Professor an der Musikhochschule München und leitete viele Jahre Meisterkurse in Zürich (Muraltengut),
Japan (Kusatsu) und USA. In den USA erntete der Sänger in den letzten Jahren
großen Erfolg als »Sprecher« bei mehreren Aufführungen von Arnold Schönbergs *Gurreliedern*, so im Jahr 2001 unter der Leitung von James Levine in der
New Yorker Carnegie Hall.

Ernst Haefliger war zudem Solist in vielen Uraufführungen, unter anderem
in Werken von Willy Burkhard, Frank Martin, Peter Mieg, Othmar Schoeck,
Carl Orff und Wilfried Hiller. Als einer der ersten Sänger interessierte er sich
für historische Aufführungspraxis.

Nach ihm wurde der vom Schweizerischen Amt für Kunst und Kultur des
Kantons Bern geförderte, im 2-Jahres-Rhythmus stattfindende Gesangswett-
bewerb *Concours Ernst Haefliger* benannt, der erstmals 2006 in Gstaad und
Bern durchgeführt wurde und bei dem er als Jurypräsident mitwirkte.

Am 17.3.2007 starb Ernst Haefliger in Davos.

Hommage an Ernst Haefliger

Er gehörte zu den Tenören, die wissen, was sie singen. Das war – und ist – das Verführerische an der Kunst Ernst Haefligers: Sie kitzelt den Verstand, ohne darüber das Gefühl leerlaufen zu lassen. Ernst Haefliger bediente stets beides. Darin besteht die Musikalität seines Vortrages. Er gründet nicht allein auf Wohlklang, viel mehr noch übt er musikdramatisch Vernunft.

Das gefiel auf Anhieb den bedeutenden Dirigenten. Furtwängler ließ Haefliger Florestan im *Fidelio* singen. Karl Richter schwor sich auf ihn als Bach-Interpreten ein. Ferenc Fricsay sah in ihm seinen Vorzugstenor für das Werk Mozarts wie für das schlanke italienische Fach. Tatsächlich verstand Haefliger, Bach ebenso stilkundig zu singen wie etwa Massenet oder Donizetti und Frank Martin. Man könnte Ernst Haefliger durchaus den großen Essayisten unter den Sängern nennen. Man las ihm, hellwach, angeregt und geistig bereichert, seine Ansichten über Werk und Wiedergabe, immerfort zum musikalischen Mitdenken aufgerufen, während des Vortrages vom klugen, singenden Mund.

Haefliger war wohl selbst auf dem Höhepunkt seiner Sängerlaufbahn stets insgeheim ein singender Pädagoge, auch wenn er damals nur einen einzigen Schüler hatte: sich selbst. Haefliger lernte mit Vorliebe vom eigenen Singen. Sein bester Lehrer war er immer sich selbst. Dabei war er bei hervorragenden Singmeistern in die Lehre gegangen, allen voran Julius Patzak, dessen tenorale Stilsicherheit und Stilreinheit an den Opernhäusern von Wien und München schulbildend gewirkt hatten. Und wer Patzaks Singkunst noch lebendig im Ohr hat, wird sie immer erneut wie ein musikalisches Spurenelement in der Kunst Haefligers wiederfinden. Sie begann sich früh schon und noch mitten im Krieg zu entfalten. Der 23-jährige Haefliger debütierte 1942 als Evangelist in Bachs *Johannes-Passion*. Er trat im Folgejahr dem Ensemble der Zürcher Oper bei und diente ihm viele Jahre in Treue.

Das überhaupt war ein Kennzeichen Haefligers: seine Überzeugung, nur im Einklang gleichstrebender künstlerischer Kräfte sei musikalische Vollkommenheit möglich; wohl käme es auf jeden einzelnen an, aber nur eingebunden in eine künstlerische Gemeinschaft von Rang. Die fand Haefliger in Berlin. Carl Ebert, der Herr über das englische Glyndebourne und frisch ernannter Intendant der West-Berliner Städtischen Oper, verpflichtete 1952 Haefliger als seinen Parade-Tenor in ein Mozart-Ensemble, wie es damals nur noch die Wiener Staatsoper ihr eigen nannte. Mit Haefliger sangen Elisabeth Grümmer, Pilar Lorengar, Erika Köth, Lisa Otto, Dietrich Fischer-Dieskau, Josef Greindl – um nur einige Namen zu nennen: Es war ein Ensemble der künstlerischen Eintracht und der gegenseitigen Wertschätzung, einer musikalischen Kameraderie auch, in der jeder mit dem Einsatz aller denkbar positiven menschlichen Kräfte für den anderen und die Gesamtheit einstand. In diesem Ensemble fühlten deutlich Haefliger und seine Kunst sich pudelwohl. Und dieses künstlerische Wohlsein schlug sich nieder in einer außerordentlichen Vielzahl unvergessener Rollen.

Haefliger war Mozarts Belmonte in der *Entführung aus dem Serail*, von Sellner liebevoll in Szene gesetzt. Er sang in Eberts berückender, vom blutjungen Jean-Pierre Ponnelle ausgestatteten *Cosi fan tutte*. Er ließ sich, ein ungestüm-ungläubiger Tamino, in der *Zauberflöte* von Fischer-Dieskau als »Sprecher« in flammendem Disput aufrüttelnd belehren. Haefliger konnte aber auch, nur war ihm das nicht eben häufig beschieden, wie auf Zehenspitzen Komödie singen und spielen, etwa als verkleideter Baron in Lortzings *Der Wildschütz*, ein Kabinettstück seiner unverwechselbaren Heiterkeit.

Immer aber schien Haefliger ein in verschiedene Kostüme hineingezauberter singender Gentleman (sozusagen ein Carlo Maria Giulini des Singens), der unter der Opern-Verkleidung den Frack der künstlerischen Distinktion ungern ablegte. Und er brauchte es schließlich auch nie. Um jeden seiner Auftritte war liebenswürdige Hoheit, eine gewisse Distanz, wie sie den echtblütigen Solisten umgibt, der sich auf den Konzertpodien in aller Welt ebenso zuhause fühlt wie auf der Opernbühne.

Haefligers Liederabende, seine Oratorienkunst, die Inbrunst und Intensität seiner Ausformung Bach'scher Rezitative, sind in Europa, Amerika, Japan unvergessen geblieben. Das wiederum führte in eine neue, passionierende Laufbahn, als Haefliger sich 1971 als Professor für Gesang der Münchener Musikhochschule verschrieb. Sein Buch über *Die Singstimme* (1983) wurde ein Ausfluss des praktischen Nachdenkens über die eigene Kunst, ihre Quellen, ihre Möglichkeiten. Haefliger wurde abermals zu einem Reisenden in Sachen Gesang: vielgefragter Lehrer in musikalischen Sommerkursen und Meisterklassen. In der Schule des Singens, in der man ihn hochachtungsvoll Meister nennt, ist Haefliger stets der neugierigste, entdeckungsfreudigste Schüler geblieben, darüber hinaus ein Interpret von Rang.

Einen Spitznamen hat man ihm nie angehängt. Dabei hat Oscar Wilde den schönsten für ihn schon lange erfunden. Er lautet natürlich »Bunbury«. Denn über *The Importance of Being Earnest* lässt sich im Fall Ernst Haefligers wirklich nicht streiten.

Klaus Geitel

Namensregister

Das Verzeichnis verweist auf Sänger, Gesangpädagogen, Komponisten und dem Gesang nahestehende Personen, nach Möglichkeit mit Vor- und Nachnamen.

Bildnachweis

Die hier nicht aufgeführten Illustrationen stammen vom Autor oder aus dem Bildarchiv des Verlags.

Guido Adler (Hrsg.), *Handbuch der Musikgeschichte*, dtv Wissenschaftliche Reihe, 3 Bde., München 1975
Archiv für Kunst und Geschichte, Berlin: Bartoli, Behrens, Busoni, Carreras, Jacobs, Kollo, Salminen, Wunderlich (Seite 52–53)
Mats Bäcker (S. 53)
Volker Barth, Homburg
Bayerische Staatsbibliothek, München
Bildarchiv Bayreuther Festspiele, Bayreuth
Bildarchiv der Österreichischen Nationalbibliothek, Wien,
The British Library, London
The British Museum, London
Ilse Buhs, Berlin *Umschlagfoto hinten*
Civica Raccolta delle Stampe Archile Bertarelli, Mailand
Civici Musei Veneziani d'Arte e di Storia (Museo Correr)
Cosmopress, Genf
Deutsche Oper Berlin
Frick Art Reference Library, New York
García Manuel, *García's Schule oder die Kunst des Gesangs*, in abgekürzter Form hrsg. v. F. Volbach, Teil I, Schott Musik International, Mainz
Graphische Sammlung der Zentralbibliothek Zürick, Zürich
Günther Habermann, *Stimme und Sprache. Eine Einführung in ihre Funktion und Hygiene*, Georg Thieme Verlag, Stuttgart 1978
Händel-Haus, Halle an der Saale
Harvard Theatre Collection, Cambridge, Mass.
Große Heidelberger Liederhandschrift *Codex Manesse*, Universitätsbibliothek, Heidelberg
Hirmer Fotoarchiv, München
Anne Kirchbach, Söcking-Starnberg
Paul Leclaire, Köln
Ralf Dieter Merian
Musée du Louvre, Paris
Museum of Art, Rhode Island School of Design
Museum Appropriation
Museum of Fine Arts, Boston

Musikwissenschaftliches Seminar der Universität Bern
Nationalmuseum, Stockholm
National Portrait Gallery, London
Beatrix Nicolai-Hostettler, Bern
J. Parow, *Atemfibel*, Paracelsus-Verlag, Stuttgart 1967
Richard-Wagner-Museum mit Nationalarchiv der Richard-Wagner-Stiftung,
    Bayreuth
The Royal Library, Windsor Castle. Wiedergegeben mit großzügiger Erlaub-
    nis ihrer Majestät Königin Elizabeth II
The Royal Opera House Covent Garden, London. Archive Office
Sächsische Landesbibliothek, Dresden
Salzburger Festspiele, Salzburg. Pressebüro
Scientific American, März 1979
Staatliche Kunstsammlungen, Dresden. Kupferstich-Kabinett
Teatro alla Scala, Mailand
Verkehrsamt der Stadt Gent
Victoria and Albert Museum, London. Crown Copyright Theatre Museum